L'OS
A MOELLE

ŒUVRES DE PIERRE DAC

DANS PRESSES POCKET :

Du côté d'ailleurs
Du côté d'ailleurs et réciproquement
La mémoire de Pierre Dac

PIERRE DAC

L'OS A MOELLE

avec

LA VIE ROMANCÉE D'ÉVARISTE MALFROQUET

Plombier-zingueur de Louis XIV

LE TRÉSOR DE LESSIVEUSE-BILL

Deux romans de ROGER SALARDENNE

JULLIARD

ISBN 2-266-00837-4

PRÉFACE

> Si tous ceux qui croient avoir raison n'avaient pas tort, la vérité ne serait pas loin.
>
> PIERRE DAC

En publiant, en décembre 1963, un volume de textes variés, extraits de L'Os à Moelle, organe officiel des Loufoques, *nous ne pensions certes pas rencontrer une très large audience.*

Sur le front de l'humour, jusque-là, que celui-ci soit graphique ou littéraire, les quelques poussées exercées par une poignée de militants opiniâtres ne s'étaient soldées que par des victoires sans gloire. Tandis que l'esprit français et son ancêtre, le gaulois, pétillant comme un mousseux chambré, progressaient enviablement, la bombe à l'ypérite Ambrose Bierce, le crapouillot Cami détonaient sans effets notables dans le no man's land de l'indifférence, les fusées vertes de Thurber et orange de Benchley n'éclairaient que de rares veilleurs, muets moins d'admiration que de stupeur. Les gros chiens de Chaval se taisaient, laissant passer la caravane des Jean-Charles.

C'était aux temps proches où le même Chaval, las d'user sa plume à de vaines démonstrations d'absurde dessiné songeait à la troquer pour une caméra solitaire, où Topor créait le mouvement « Panique » (celle des amateurs ou celle des éditeurs?), où Siné soufflait entre deux coups de boutoir portés par la censure, où Tetsu, Trez, Ylipe, Bosc et d'autres commercialisaient résolument dans des publications bien « parisiennes » une inspiration qui méritait un meilleur destin. Oui, publiant notre écarlate recueil, nous n'escomptions guère, en vérité, qu'un peu d'intérêt, amusé chez les curieux, attendri chez les nostalgiques, heureux de retrouver en cette exhumation le parfum d'une enfance d'avant-guerre. Nous avions tort.

Le succès imprévu de l'anthologie de L'Os à Moelle *l'a prouvé. Quelque chose a bougé soudain, quelque chose a changé. Quelle étincelle de quel pétard que l'on crut mouillé alluma l'incendie? Si nous n'en sommes pas encore tout à fait à l'heure des communiqués triomphants, l'humour cependant, le vrai humour, qu'il soit noir, blanc, rose, vert ou mauve, a cessé de faire pâle figure. Cami a pu gagner trois fois son procès en appel. Alphonse Allais, Georges Fourest, Bierce et Boris Vian accèdent aux collections de poche, entre Pierre Benoit et Paul, comment dites-vous? Vialar. Après Saki, Ring Lardner, Stephen Leacock s'avancent sur le devant de la scène. Des anthologies à fort tirage, cautionnées par les mânes du Père Teilhard de Chardin, prodiguent la caustique parole. En quelques mois, un dessinateur inconnu, Copi, s'impose. Chaval revient au dessin, le* pire, *le plus absurde, le moins admissible, sans sommations d'usage. Les morts ont parfois raison : après Boris, André Frédérique, l'ami Fred : mille exemplaires d'*Histoires blanches, *invendus depuis quinze ans, moisis et promis au pilon, s'enlèvent. Topor décroche des prix et des timbales. Jean-Christophe Averty, bricolant la TV comme l'affreux môme de Charles Adams, ne scandalise plus que les demeurés ou les traumatisés de la moulinette. En reste-t-il? En voilà : sur les ondes, Henri Salvador embouche la trompette, humide encore, de Francis Blanche et la clarinette de Jean Yanne.* Hara-Kiri, *« journal bête et méchant », terrain vague plutôt où les perles se nichent entre les papiers gras et les épluchures, concurrence sérieusement la bonne presse du petit cœur de Ninon. L'humour 1900 lui-même, inégal* *dans sa diversité, grouillant de prophètes authentiques et de messies de foires, hésitant entre la cruauté de bon aloi et l'attendrissement sur les petites femmes, remonte au jour.* L'Os à Moelle, *le journal, enfin reparaît, son directeur de naguère, Pierre Dac, accroché à la barre, le pied moins sûr mais la main ferme et l'œil bleu pareillement fixé du côté d'ailleurs. Le vent se lève... Il faut tenter de suivre.*

Ce n'est pas là la moindre de nos vanités : de la résurrection inespérée de L'Os, *nous sommes en grande partie responsables. Il ne nous appartient donc pas d'estimer l'importance des millésimes 64 et 65, d'en vanter les mérites ou de dénoncer les faiblesses du nouvel équipage. Dans vingt ans peut-être, si le miraculeux engouement actuel pour l'humour ne se dément pas ou s'il renaît après une autre période d'occultation, un anthologiste enthousiaste empruntera les trains de banlieue pour s'en aller copier — comme nous le fîmes — des textes surprenants signés Dac, Yanne, Goscinny ou Beauvais, dans d'officielles collections de journaux exilés. Nous lui souhaitons, d'avance, la cueillette abondante, la nôtre le fut. Trop même pour l'unique recueil que nous projetions alors.*

Les 108 numéros de L'Os à Moelle, *qui parurent du vendredi 13 mai 1938 au 31 mai 1940, constituent, en effet, avec leurs quatre pages grand format, une mine aux inépuisables filons. Avec la hâte fébrile d'un sous-alimenté se retrouvant soudain au milieu d'un magasin d'alimentation bien pourvu et désert, nous raflâmes, pour ce premier volume, un petit peu de tout, chroniques, reportages, avis, petites annonces, conseils, recettes de cuisine, clef des songes, jeux divers, courrier du cœur, pensées, etc., nous réservant d'y revenir, pour l'encombrant sinon le substantiel, une autre fois. C'est ainsi que nous écartâmes, à regret mais sans faiblir, quatre romans-feuilletons, fort belles pièces mais de dimensions trop vastes, qu'il eût été criminel d'amputer. L'occasion nous est fournie aujourd'hui de réparer notre volontaire injustice. On conviendra avec nous, du moins nous l'espérons, que cela en valait la peine.*

Signés successivement Ponton du Sérail, Paul Ravebavoux, Fenicore Mooper et caporal-chef Bourgeron de la Gamelle, ces quatre romans découpés en tranches, selon les lois du genre, sont dus, en réalité, à l'imagination délirante et à l'inspiration cocasse d'un seul homme qui n'en était pas, d'ailleurs, à son coup d'essai : Roger Salardenne.

Né à Sedan, dans les Ardennes, vers le début du siècle, Roger Salardenne se sentit très tôt l'âme d'un humoriste. A 14 ans, il publie déjà des contes, à 16, il gagne un concours organisé par le Pearson's Weekly *de Londres. Pas de vraie vocation, bien sûr, qui ne soit contrariée : son père, officier de carrière, comprenant mal que l'on puisse préférer la plume au sabre, intervient. Et l'humoriste en herbe se transforme en commissaire de bord dans la marine marchande. On peut légitimement supposer que ses activités maritimes lui laissent suffisamment de loisirs puisque sa signature apparaît çà et là dans la presse. On le lit dans* Le Canard Enchaîné *(déjà!), dans* L'Humour, *dans* Le Rire, *etc.* Le Bon-Point amusant *l'appelle : Arnould Galopin vient de mourir, laissant inachevé, après treize feuilletons seulement, un grand roman populaire d'aventures* Le Chasseur de fauves. *Salardenne s'y attelle, pond des pages et des pages durant deux ans et mène son héros jusqu'à la cent huitième livraison. Il peut alors voler de ses propres ailes et c'est* Jack, Le Petit Sans-Famille, *d'autres feuilletons encore. Le romancier n'ignore plus rien à présent des astuces, des conventions d'un genre où l'on ne saurait innover sans déplaire. Ce qu'il apprend là, Salardenne s'en servira un peu plus tard, en 1938, à* L'Os *précisément, où il pourra se parodier à satiété. Mais il donne maintenant dans le grand reportage, publiant avec succès* Le Culte de la nudité, L'Amour chez les fous, Les Capitales de la débauche, Un mois chez les nudistes, *et* Le Nu intégral chez les nudistes français (!) *puis un roman de science-fiction,* La Sphère mystérieuse.

1938. Vendredi 13 mai. La Société parisienne d'éditions sort L'Os à Moelle, organe officiel des Loufoques. *Préparée par Pierre Dac et ses courses au trésor, la voie est libre. Elle sera triomphale. D'emblée il faut procéder à deux nouveaux tirages successifs, ce qui porte à 400 000 le nombre d'exemplaires vendus. A côté de Pierre Dac rédacteur en chef, Roger Salardenne est là, flanqué de Robert Rocca, de Fernand Rauzena, de Claude Dhérelle, de Maurice Henry, de KB2, de Bugette et de J. Pruvost qui crayonne le portrait de Monsieur Toutoule, loufoque-type avec chaussure ou entonnoir, selon l'humeur, en guise de couvre-chef. A cette joyeuse équipe de la première heure s'adjoindront bientôt René Lefèvre, Jean Marsac, Pierre Devaux, Jean Effel, André François, Bernard Aldebert, etc. réunis pour la plus déconcertante entreprise dont on puisse rêver au pays de Descartes et de Clément Vautel.*

Nous l'avons souligné dans la présentation de la première anthologie de L'Os : « *Affoler les boussoles, dérégler les pendules et même le temps qu'il fait, intervertir les pages des encyclopédies, des clés de songes, des manuels de savoir-vivre, avec l'aisance d'un joueur professionnel en face d'un jeu de 32 cartes, mettre le nord à l'est, la lune en plein midi, le dessus dessous ou ailleurs, les Pyrénées au cœur du pays de Galles, prendre non seulement Le Pirée pour un homme, mais aussi le plastron pour un animal féroce et l'alinéa pour un poisson rouge, scander des scies ineptes en forme d'hymne, mystifier les ménagères avec la confiture de nouilles ou la sauce aux câpres sans câpres, les bricoleurs avec la greffe mobilière, les crédules avec la chaposophie, refaire la vie des hommes illustres sans souci de l'Histoire ni de la chronologie, parler longuement pour ne rien dire, se coiffer d'une chaussure, se chausser d'un passe-montagne, être pour ce qui est contre et contre ce qui est pour, inventer des machines et des machins qui ne servent à rien sinon à augmenter encore la confusion, voilà ce que, très exactement et avec un bonheur quasi constant, firent Pierre Dac et ses collaborateurs dans* L'Os à Moelle, *un bien singulier journal voué tout entier à la cause du « nonsens »... Tout au long de 108 numéros, les uns et les autres, diversement mais efficacement, poursuivent donc un travail de sape du cartésianisme national que seuls la guerre et l'exode pourront interrompre.*

Pierre Dac, président du Conseil du premier ministère loufoque, signe l'éditorial, Maurice Henry enquête chez les « fumeurs de cravates » en compagnie de G.K.W. Van den Paraboum (Fernand Rauzena?), Jacques Alahune s'entretient une heure dix avec Louis XIV. Roger Salardenne, lui, passe en revue une actualité riche en événements qu'il commente cocassement sous le titre de Redis-le-Moelleux *et, surtout, au rez-de-chaussée de la page 4, il entame son premier feuilleton, illustré par Maurice Henry,* Le Disparu de la huche à pain.

Le Disparu de la Huche à pain, *signé Ponton du Sérail (contrepet simple du nom d'un auteur prolifique qui en a vu d'autres), contient tout ce qui convient à un « grand roman mondain et mystérieux » : des gens titrés, un château, des oubliettes, un détective, un ectoplasme d'aïeul, une belle jeune fille, un jardinier, un fils de jardinier...* La Vie romancée d'Évariste Malfroquet, plombier-zingueur de Louis XIV, *qui lui succède, a pour auteur supposé un certain Paul Ravebavoux. Il s'agit là, on l'aura deviné, de la transcription « javanaise » de Paul Reboux, écrivain goûté du moment, expert en la confection de biographies historiques plus ou moins romancées. On y joue savamment de l'anachronisme. Vient ensuite* Le Trésor de Lessiveuse-Bill, *de Fenicore Mooper (est-il besoin de décrypter?), aventures au Far-West, et enfin* Les Gars de la 14e Escouade, *par le caporal-chef Bourgeron de la Gamelle. Roman de guerre, bien sûr, et même contribution à l'effort national. Car nous sommes au début de 1940 et la plupart des collaborateurs de* L'Os à Moelle *découvrent, musette au dos et bandes molletières comprimant le jarret, les trésors d'art de nos villages de l'Est. Des quatre feuilletons, le dernier se révèle incontestablement le plus faible. En vérité, l'auteur a des excuses : la réalité ne manque pas non plus d'imagination et est à peine moins « loufoque » que ces calembredaines militaires. L'avance allemande stoppera net l'épopée de la 14e Escouade. En même temps que* L'Os. *Le 31 mai 1940.*

Si Pierre Dac a du style, Roger Salardenne a un ton. Plus direct, moins rhétorique que le premier, il galope à travers le roman populaire qu'il connaît bien, avec une communicative allégresse, une totale liberté qui, dans les meilleurs moments, n'est pas loin de faire songer à certains textes surréalistes. Calembours, coq-à-l'âne, images saugrenues, amphigourismes, rapprochements insolites, tout y passe dans un beau délire verbal auquel il ne manque peut-être qu'un peu d'ambition pour rejoindre les plus grands auteurs « non sensiques ». L'humour, ici, se glisse partout, jusque dans le sempiternel « résumé des chapitres précédents » et le traditionnel « A suivre », hérités eux aussi du feuilleton et métamorphosés par l'absurde...

Des quatre romans-feuilletons publiés dans L'Os à Moelle *en cent huit semaines d'existence, nous n'en avons retenu que deux.* Les Gars de la 14e Escouade, *nous l'avons dit, sont demeurés inachevés et, imposés par la situation du moment, présentent des faiblesses.* Le Disparu de la huche à pain, *lui, est sans faille. Mais il a fait, déjà, l'objet d'une réimpression au lendemain de la Libération. Reste donc* La Vie romancée d'Évariste Malfroquet *et* Le Trésor de Lessiveuse-Bill *(de Dumas père à Zane Grey!) qui, nonobstant ces retraits, constituent une belle démonstration du talent salardennien. Nous leur avons conservé le découpage en tranches originales, les « chutes » ayant leur importance. Et nous en avons profité pour, une fois encore, donner quelques-uns de ces textes courts, avis, petites annonces, etc. qui avaient échappé à notre attention lors de notre précédent choix.*

MICHEL LACLOS

LA VIE ROMANCÉE D'ÉVARISTE MALFROQUET

Plombier-zingueur de Louis XIV

Roman historique par Paul RAVEBAVOUX

LA VIE ROMANCÉE D'ÉVARISTE MALFROQUET (1)

Chapitre I

VINGT ANS APRÈS

En ces jours de février 1663, où Paris s'apprêtait à fêter joyeusement l'anniversaire de l'armistice de la guerre de Cent Ans, une agitation singulière se manifestait au Louvre.

Certes, Catherine de Médicis étant morte depuis près d'un siècle, ce n'était pas à cause d'elle que les courtisans du Roi-Soleil se chamaillaient dans les couloirs du palais. C'était, vraisemblablement, pour quelqu'un d'autre, mais comme nous n'y étions point — ni vous ni moi — nul ne saura jamais — et c'est bien dommage — les raisons de cet étrange remue-ménage.

Alors n'en parlons plus.

Ce soir-là, il y avait une fuite de gaz dans la grilloire à pétrole de Mme de Montespan... Une fuite de gaz dans une grilloire à pétrole, c'était, à cette époque, un événement d'une gravité exceptionnelle.

Surtout pour Mme de Montespan, qui s'affolait d'un rien! La favorite de Louis XIV bondit sur le téléphone, décrocha le récepteur et, l'automatique n'existant pas encore, s'écria d'une voix blanche :

— Allô, mademoiselle, donnez-moi Louvre 06-77-03-64-06-78... Allô, c'est toi Loulou?

— Voui, répondit Loulou XIV... Qui qu'c'est qu'est à l'appareil?

— Françoise Athénaïs de Rochechouart, marquise

de Montespan... M comme mouchoir de poche, O comme Odéon 84-00, N comme Napoléon, T comme Tino Rossi, etc., etc. Je suis née au château de Tonnay-Charente en 1640... Pour plus de détails, veuillez vous reporter, Sire, à votre Grand Larousse habituel...

— Manquerai pas, marquise, mais que se passe-t-il?

— J'ai de gros ennuis avec la grilloire à pétrole que vous m'avez offerte pour mes étrennes... Elle fuit et ça sent le gaz... Je crains une explosion...

— Rassurez-vous, marquise, je vais vous indiquer l'homme de la situation : Évariste Malfroquet.

— Qui est-ce?

— Mon plombier-zingueur... Appelez-le et dites-lui que vous êtes ma favorite, il vous fera un prix... Vous trouverez son adresse sur l'annuaire et souvenez-vous, divine, que l'État c'est moi, comme pourra le répéter, dans quelques lustres, M. Sacha Guitry. Et quand c'est que la fuite de gaz, elle sera réparée, venez au Louvre, marquise, j'ai à vous causer.

— Bien, sire Loulou.

Quelques instants plus tard, un carrosse d'occasion stoppait devant l'hôtel particulier — si on peut dire — de la troublante aristocrate.

Un homme à l'œil torve et au nez en spirale en descendit. Il était vêtu d'une salopette à brandebourgs et coiffé d'une casquette à carreaux posée en biais sur une perruque blanche opulente et crépue.

Cet homme — vous l'avez deviné — c'était Évariste Malfroquet, le plombier-zingueur du Roi-Soleil, l'homme pour qui les tuyauteries du Louvre et celles de Versailles n'avaient déjà plus de secret.

Pas très beau, Évariste Malfroquet était, par contre, plutôt laid. L'expression de son regard, cependant, avait un je ne sais quoi d'insignifiant qui le rendait presque déconcertant par rapport à la carrure de ses genoux, nettement au-dessus de la moyenne.

En résumé, un garçon assez sympathique, moins distingué qu'un moucheur de chandelles mais plus élégant qu'un veilleur de nuit.

Il sonna à la porte de service. Une accorte servante vint ouvrir.

— Entrez, plombier-zingueur du roi, minauda-t-elle, Mme la Marquise vous attend.

Évariste frissonna timidement :

— Vous croyez que c'est nécessaire que je... Enfin... Heu... que je parle à Madame la Grilloire... C'est-à-dire... Heu... Je pourrais peut-être examiner tout de suite la marquise à pétrole... Une fuite de Montespan, c'est dangereux, vous savez...

Évariste Malfroquet, à l'idée de paraître devant la favorite de son souverain, éprouvait une émotion tellement considérable qu'il en perdait l'usage de ses fixe-chaussettes.

La servante protesta :

— Madame la Marquise a donné des ordres, je dois les exécuter.

— Eh bien! se résigna Évariste, je vous suis.

Quand notre héros aperçut la Montespan, ce fut pour lui comme un éblouissement. Assise sur une pile de bottins mondains, vêtue d'un pyjama en dentelles, et une quarantaine de bigoudis florentins dans ses cheveux soyeux, la favorite était divinement belle.

Le plombier-zingueur se mit à trembler comme de la gelée de groseille sur la table d'un wagon-restaurant du Sud-Express.

— Vous êtes Évariste Malfroquet? demanda doucement la Montespan tout en plongeant machinalement sa fine main dans un énorme bocal à cornichons.

— Pour vous servir, madame, balbutia notre héros, je viens pour la fuite de gaz.

La Montespan se leva d'un bond :

— Au diable la fuite de gaz, j'ai quelque chose d'autrement important à vous demander. Peut-on vous confier un secret, Évariste Malfroquet?

(A suivre)

LA VIE ROMANCÉE D'ÉVARISTE MALFROQUET (2)

CHAPITRE I

VINGT ANS APRÈS *(suite)*

Évariste considéra la favorite de haut en bas, d'abord, de gauche à droite, ensuite, et, finalement, en diagonale :

— Oui, répondit-il énergiquement, on peut me confier un secret.

— Voici de quoi il retourne : j'ai une ennemie à la cour, c'est une fille d'honneur de Madame, elle s'appelle la Montarbourg. Cette intrigante a proposé au roi de lui donner des leçons de trombone à coulisse. En réalité, elle ne sait même pas jouer de l'ocarina.

Évariste Malfroquet haussa les épaules avec mépris :

— Qu'est-ce qu'on lui a donc appris à l'école?

— Là n'est pas la question. La Montarbourg, qui est au mieux avec Madame, a trouvé un moyen habile d'approcher le roi et, sans avoir l'air d'avoir l'air, elle déblatère sur mon propre compte les choses les plus invraisemblables. Elle a raconté notamment à Louis XIV que j'avais eu la coqueluche à l'âge de trois ans et demi et les oreillons six mois plus tard, que mes puces ont un chien...

— Quoi?

— Que mon chien a des puces, si vous aimez mieux...

— Oh! moi, vous savez, j'ai pas de préférence.

— Elle raconte aussi que si j'avais de la barbe, je ressemblerais à mon oncle Célestin, et que si j'avais les pieds plats, je ne pourrais sûrement pas jouer à saute-mouton avec la camériste du dauphin...

— Y a-t-il du monde méchant sur terre quand même, ventre Saint-Denis!

— Oh! la Montarbourg est une petite chipie, mais ce qui me tracasse, c'est que Louis XIV a l'air de croire toutes ces menteries.

— C'est ça, votre secret, mâme Montespan?

— Non, c'est autre chose.

— Alors, pourquoi me parlez-vous de la Montarbourg?

— Attendez, vous allez comprendre, Malfroquet... La Montarbourg ne cherche pas seulement à me nuire, elle cherche aussi à faucher la révocation de l'édit de Nantes que le roi a cachée dans le tuyau d'eau chaude de son lavabo de Versailles. Vous connaissez ce tuyau?

— Je pense bien, c'est moi qui l'ai installé, même qu'il ne sert jamais à rien, vu qu'il n'y a pas d'eau chaude à Versailles. Quand Sa Majesté en a besoin pour son bain de pieds semestriel, on verse de l'eau froide dans une casserole et on la fait bouillir sur un réchaud à mazout.

— C'est justement parce que ce tuyau est inutilisé que le roi y a caché le document en question. Malfroquet, si la Montarbourg s'en empare, c'est la fin des haricots. Pour le salut de la France, nous devons éviter cela. Je compte sur vous, plombier-zingueur du roi!

Évariste Malfroquet eut un geste de dénégation magnifique :

— Jamais, mâme Montespan, jamais je ne trahirai mon roi de pareille façon. J' suis plombier-zingueur, j' fais mon petit boulot et rien de plus... Vous comprenez, marquise, j' veux pas avoir d'histoire...

La favorite fronça les sourcils majestueusement :

— Aaaaaah! ricana-t-elle, vous obéirez, Malfroquet, sinon vous irez à la Bastille, vous semblez oublier que la lettre de cachet n'est pas faite pour les veaux à cinq pattes... Je n'ai qu'un mot à dire à Loulou XIV, un seul, et on vous jette au cachot!

Évariste recommença à trembler, pas comme de la gelée de groseille, cette fois, mais plutôt comme de la confiture de coings.

— C'est bon, bredouilla-t-il, vous aurez le machin du truc de Nantes demain matin.

— Apportez-le-moi demain soir, à la tombée de la nuit. Je vous attendrai dans la cour du Louvre à 20 h 43.

— A quel endroit?

— Derrière la statue de Gambetta.

CHAPITRE II

LE SOUPER DU ROI

Louis XIV était en train de dîner, dans la vaste salle à manger en style Empire du palais du Louvre. Il mangeait à une petite table séparée, qui dominait les autres tables où dînaient les courtisans et le capitaine des mousquetaires, le chevalier de Saint-Gnangnan.

— Monsieur de Guiche! cria soudain le roi. Voulez-vous me passer la moutarde?

Le courtisan interpellé s'inclina légèrement et lança le pot de moutarde à Sa Majesté, qui l'attrapa d'une main habile :

— Merci, de Guiche, je vous nomme capitaine de louveterie motorisée.

— Sire, vous me comblez!

A ce moment, un petit groom entra, portant une

ardoise sur laquelle était écrit à la craie blanche : « On demande M. de Saint-Gnangnan au téléphone. »

Le capitaine des mousquetaires se tourna vers le souverain :

— Vous permettez, Sire?

(A suivre)

LA VIE ROMANCÉE D'ÉVARISTE MALFROQUET (3)

CHAPITRE II

LE SOUPER DU ROI *(suite)*

— Allez-y, mon pote! répondit Louis XIV en crachant un noyau de cerise qui s'était fourvoyé par mégarde dans la sauce de son veau Marengo.

M. de Saint-Gnangnan, qui avait reçu ledit noyau dans l'œil gauche, le retira posément, le prit entre le pouce et l'index et le projeta dans la narine droite du duc de Valenciennes. Puis, s'inclinant respectueusement devant le roi, il fit demi-tour, quitta la salle à manger et passa dans la pièce voisine.

C'est là — par ailleurs — qu'était le téléphone. Le capitaine des mousquetaires porta le récepteur à l'oreille :

— Allô! beugla-t-il, qui qu' c'est?

— Mme de Montespan, répondit une voix suave au bout du fil.

L'officier rectifia la position d'un geste nonchalant mais résolu.

— Très honoré, ma bonne dame... Ça biche comme vous le désirez?

— Merci et vous, capitaine?

— Pas à se plaindre, comtesse, ça se maintient, j' suis en train de luncher avec le patron...

— Alors, excusez-moi d'interrompre votre nouba, Saint-Gnangnan, mais la chose est grave. J'ai besoin de vous pour une affaire de la plus haute importance.

J' peux pas vous dire ça au téléphone. Passez chez moi dès que vous aurez fini. Compris?

— Ouais, ouais.

— Et bouclez-la, hein? Pas un mot à Loulou XIV?

— Promis, comtesse, à tout à l'heure!

Le capitaine des mousquetaires raccrocha et retourna dans la salle à manger. Quelle ne fut pas sa colère en constatant que M. de Guiche avait profité de son absence pour lui barboter sa tranche de veau Marengo!

Saint-Gnangnan fronça les épaules et frappa les sourcils du comte :

— Sors un peu dehors, qu'on s'explique!

Mais Louis XIV s'écria d'une voix tonitruante :

— Pas d'histoire à ma table, hein? V' s' entendez? En voilà des façons...

— Sire, protesta Saint-Gnangnan, ce mécréant m'a fauché mon bout de barbaque, c'est tout de même pas régulier.

— Taisez-vous, l'État c'est moi, scrongneugneu! Monsieur de Guiche, vous n'êtes plus capitaine de louveterie motorisée, vous partirez demain en exil au Guatemala. Quant à vous, capitaine, je vous interdis de quitter le Louvre jusqu'à nouvel ordre.

— Flûte! grommela l'officier entre ses dents, et mon rendez-vous avec la Montespan?

Chapitre III

LE GUET-APENS DU BOIS DE MEUDON

Avant de quitter l'hôtel particulier de la Montespan, Évariste Malfroquet, conscient du devoir professionnel, avait tout de même réparé la grilloire à pétrole. De sorte qu'il n'y avait plus de fuite de gaz...

Par contre, il y avait toujours une grilloire à pétrole, mais là n'était pas la question et le plombier-zingueur du Roi-Soleil, en remontant dans son carrosse d'occasion, songeait avec angoisse à la mission secrète dont il était investi.

— Ventre Saint-Denis! maugréa-t-il, dans quelle galère me suis-je fourré?

Et il fouetta son cheval, qui était aussi un cheval d'occasion, ce qui ne l'empêchait d'ailleurs point d'être un cheval sérieux.

Le carrosse démarra.

***

Évariste traversait le bois de Meudon au petit trot quand son cheval se cabra... Quatre hommes masqués, vêtus de chapeaux à large bord et coiffés de capes de velours en organdi rose, venaient de surgir d'un buisson épais. L'un avait saisi le cheval par la bride. Les deux autres braquaient leurs pistolets et le quatrième, qui n'était pas là, ne jouait aucun rôle, même secondaire, dans cette ténébreuse affaire.

— Que me voulez-vous, bonnes gens? balbutia notre héros en claquant des rotules.

L'un des mystérieux personnages rétorqua entre ses dents :

— Où allais-tu?

— A Versailles.

— C'est la Montespan qui t'y envoie?

— Bien sûr, j'ai réparé sa grilloire à pétrole. Y a pas de mal à ça, j' suis zinguier-plombeur.

— Ouais! elle t'a sûrement chargé d'une mission... De quoi s'agit-il? Tu ne veux rien dire? C'est bon, on va te brûler la plante des genoux...

— Pitié, bonnes gens, pitié!

Mais, déjà, les misérables empoignaient Malfroquet par la peau du nombril et le chargeaient sur leurs épaules.

— Au secours! hurla-t-il.

(A suivre)

Femmes qui voulez maigrir : maigrissez, ce n'est pas nous qui vous en empêcherons.

LA VIE ROMANCÉE D'ÉVARISTE MALFROQUET (4)

CHAPITRE III

LE GUET-APENS DU BOIS DE MEUDON *(suite)*

Mais le bois de Meudon était désert comme l'esplanade des Invalides un soir d'éruption volcanique. Évariste eut beau crier, hurler, tonitruer, personne n'entendait ses appels de détresse.

Les hommes masqués qui l'emportaient ricanaient sinistrement, chacun à leur tour pour ne pas fatiguer leurs voix. Le plombier-zingueur du roi, plus mort que vif, frissonnait de la moelle épinière au sternum et du cubitus à l'arcade sourcilière.

« Que me veulent-ils? songeait-il avec angoisse. Où m'emmènent-ils? Est-ce un coup de la Montarbourg? »

Les quatre ravisseurs — qui n'étaient toujours que trois — s'engagèrent dans un petit sentier et atteignirent bientôt un chalet en bois d'arbre. Ils frappèrent violemment à la porte.

— Qui est là? cria-t-on de l'intérieur.

— C'est nous... Ouvre, l'Ermite!

— Le mot de passe?

— On l'a oublié... Qu'est-ce que c'est déjà?

— Gilet de flanelle et ceinturon.

— Oui, oui, c'est juste. Alors... Heu... Gilet de flanelle et ceinturon!

L'huis s'entrebâilla et l'Ermite apparut. Il était vêtu d'une robe de bure en papier mâché et portait une barbe d'un mètre cinquante qui faisait le tour de ses hanches, passait sous l'aisselle droite et rejoignait le coude, auquel elle était fixée avec une pince à vélo.

— Entrez, fit-il. Le mot de passe, c'est le mot de passe. Sans mot de passe on ne passe pas. Service, service, camarade après. Vous m'apportez un paquet?

— Un drôle de paquet; durant tout le trajet, il n'a pas cessé de beugler comme un veau mal luné. Fais chauffer le pique-feu, on va lui chatouiller la plante des genoux.

L'Ermite considéra Évariste Malfroquet avec curiosité, mais, tout aussitôt, il bondit en arrière :

— Oh! balbutia-t-il, c'est le petit cousin germain du beau-frère de l'oncle par alliance de la nièce de ma grand-mère!

La situation devenait cornélienne.

CHAPITRE IV

LES PETITS ENNUIS D'UN CAPITAINE

Le capitaine de Saint-Gnangnan, consigné au quartier par ordre de Sa Majesté, se creusait en vain les méninges pour quitter clandestinement le Louvre et répondre à l'appel de Mme de Montespan.

Aux guichets du palais, les factionnaires, prévenus de la décision royale, faisaient bonne garde. Rue de Rivoli, l'agent préposé à la circulation surveillait les fenêtres avec ostentation.

L'officier était perplexe. Que faire? Soudain, il se frappa le front :

— Et si je me déguisais en empereur romain?

Personne ne me reconnaîtrait et je passerais inaperçu.

Quelques instants plus tard, un étrange personnage drapé dans un rideau de cretonne mercerisé et coiffé d'un casque en carton-pâte, se présentait à la porte centrale du palais du Louvre.

La sentinelle lui barra le passage. L'autre se récria :

— Je suis Jules César. Depuis quand, manant, s'oppose-t-on à la sortie des empereurs romains ?

— A bas l'Empire, vive la République ! riposta fièrement le factionnaire en épaulant son mousqueton.

Saint-Gnangnan — car c'était lui — fit demi-tour sans insister.

Un moment après, un individu bizarre, vêtu d'une descente de lit en peau de buffle et coiffé d'une tiare en macadam, surgissait devant la même sentinelle.

— Halte-là !

— Les montagnards, les montagnards... réplique l'inconnu.

— Halte-là, halte-là ! répéta le soldat.

— Les montagnards sont là, termina l'énergumène.

— Rien à faire, on ne passe pas... Ordre de Sa Majesté !

— Je suis Nabuchodonosor, roi de Babylone !

— A bas les tyrans, vive la démocratie ! ponctua le militaire en croisant le fer.

Saint-Gnangnan — car c'était encore lui — fit demi-tour sans insister.

Un quart d'heure ne s'était pas écoulé qu'une femme entre deux âges, habillée en fille du peuple et coiffée en dame du monde, tentait de franchir le guichet, un pain de quatre livres sous le bras :

— Je suis la fille du coupeur de paille, minauda-t-elle, je vais à la Bastille porter un casse-croûte au Masque de fer.

— A bas la démagogie, hurla la sentinelle, et vive les pommes de terre frites!

Saint-Gnangnan — car c'était toujours lui — fit demi-tour sans insister.

(A suivre)

LA VIE ROMANCÉE D'ÉVARISTE MALFROQUET (5)

CHAPITRE IV

LES PETITS ENNUIS D'UN CAPITAINE *(suite)*

Le capitaine des mousquetaires, démoralisé par ce troisième échec, regagna ses appartements la mort dans le nez et les doigts dans l'âme.

— Vertugadin ! jura-t-il, impossible de me rendre chez la Montespan, mais je vais y envoyer mon lieutenant, le chevalier de Lorraine. Il n'est pas consigné, lui, il pourra sortir.

S'étant débarrassé de son déguisement en le jetant dans le vide-ordures, il revêtit à nouveau son uniforme et appela son valet :

— Ho ! Falempin !

— Ho ! mon capitaine ?

Le domestique apparut. C'était un gros homme aux yeux bouffis, au nez bourgeonnant et au dos légèrement concave. Il parlait la bouche pleine, car il était en train de manger un sandwich aux navets.

— Falempin, ordonna l'officier, va dire au chevalier de Lorraine que je l'attends ici.

— Oui, mon capitaine.

Dix minutes plus tard, le chevalier de Lorraine était devant Saint-Gnangnan.

— Chevalier, expliqua le capitaine des mousquetaires, Mme de Montespan m'a mandé chez elle pour une affaire secrète. Je ne puis y aller, puisque le patron m'a mis aux arrêts. Allez chez la marquise, chevalier. Vous la mettrez au courant de la situation et vous prendrez ses ordres.

— Bien, capitaine.

Le chevalier de Lorraine allait se retirer quand Saint-Gnangnan le rappela :

— Puisque vous sortez, ajouta-t-il, rapportez-moi donc un paquet de gauloises bleues et un tube de pierres à briquet.

— Comptez sur moi, capitaine.

CHAPITRE V

UN PLAN MACHIAVÉLIQUE

Il était déjà tard. La Montespan, très agitée, marchait de large en long dans l'escalier de son hôtel particulier. Pour tuer le temps, elle changea de tactique et se mit à marcher de long en large, puis de long en long, puis de large en large.

— Saint-Gnangnan ne vient toujours pas, maugréa-t-elle. M'aurait-il posé un lapin?

De plus en plus impatientée, elle grimpa l'escalier en sautant quatre marches à la fois. Arrivée en haut, elle se mit à califourchon sur la rampe et se laissa glisser jusqu'en bas.

Elle trépigna :

— Mais qu'est-ce qu'il fabrique donc? S'il a un empêchement, il aurait pu tout au moins me donner un coup de fil ou m'envoyer un pneu. On ne fait pas poireauter de pareille façon la favorite du Soi-Roleil!

A ce moment, on sonna à la porte de l'hôtel particulier.

— Ah! soupira la Montespan, le voilà tout de même!

Et tandis qu'un laquais allait ouvrir, elle courut au salon pour s'asseoir dignement sur un fauteuil en osier.

— Le chevalier de Lorraine! annonça le domestique.

Mme de Montespan sursauta :

— Que me veut-il? Ce n'est pas lui que j'attendais. Enfin, introduisez!

Le visiteur s'inclina respectueusement devant la belle aristocrate :

— Mes hommages, marquise, fit-il. Le roi a consigné le capitaine, alors, c'est moi qui le remplace. Vous pouvez y aller carrément. C'est kif-kif, motus et bouche cousue!

Elle hésita :

— Je ne sais si je dois... Vous ne travaillez pas pour le compte de Madame, au moins!

— Oh! marquise, protesta l'autre, vous savez bien que Madame ne peut pas me blairer.

— Bon... Eh bien! Voilà en deux mots de quoi il s'agit. Vous connaissez Évariste Malfroquet?

— Le plombier-zingueur? Et comment que je le connais... C'est lui qui a réparé ma chasse d'eau la semaine dernière...

— Il sera demain soir, à 20 h 45, derrière la statue de Gambetta, dans la cour du Louvre. Il aura dans sa poche la révocation de l'édit de Nantes. Vous la lui prendrez et vous me l'apporterez.

— Et qu'est-ce que je ferai de lui?

La Montespan esquissa un rictus sardonique :

— Faites-en n'importe quoi, de la compote de cerises ou du ragoût de mouton, cela m'indiffère parfaitement. L'essentiel est qu'on n'entende plus jamais parler de lui.

Le chevalier de Lorraine cligna de l'œil :

— Compris, marquise!

(A suivre)

AVIS

Les crochets de bottine à manche de bois seront échangés dans toutes les caisses publiques contre les nouveaux crochets de bottine réglementaires en fer forgé. A partir du 16 juin, ils ne seront plus acceptés en paiement aux guichets des perceptions. Les crochets de bottine sans manche sont rigoureusement interdits dans la traversée des agglomérations et sur la place de l'Opéra.

LA VIE ROMANCÉE
D'ÉVARISTE MALFROQUET (6)

CHAPITRE V

UN PLAN MACHIAVÉLIQUE *(suite)*

— Naturellement, ajouta la Montespan, nul, hormis votre capitaine, n'aura connaissance de notre entretien?

Le chevalier de Lorraine cracha à six pas :

— C'est juré, marquise.

— Et si le roi s'inquiète de la disparition de son plombier-zingueur?

— On lui dira qu'il est parti aux sports d'hiver.

— Excellente idée... Naturellement, si, comme je l'espère, vous réussissez à subtiliser la révocation de l'édit de Nantes, vous aurez une récompense magnifique, chevalier.

— Quoi donc, marquise?

— Je vous offrirai une panoplie d'agent cycliste, un moulin à poivre, deux paires de mitaines, six douzaines de mouchoirs en toile d'avion et le supplément de l'annuaire des téléphones.

Le chevalier de Lorraine balbutia, ébloui par tant de générosité :

— Marquise, vous me comblez, c'est trop, c'est trop!

— Voilà comment je suis, rétorqua la favorite du roi.

Et, empoignant le visiteur par le fond de sa culotte, elle le jeta discrètement par la fenêtre.

CHAPITRE VI

UNE BONNE PETITE RECETTE

Tandis que se tramaient contre lui les petites combines que nous venons de dévoiler, Évariste Malfroquet n'en menait pas large dans le chalet du bois de Meudon, où nous l'avons laissé en compagnie de l'Ermite et des mystérieux hommes masqués.

« Je suis marqué par le destin, songeait-il avec terreur. Si je sors vivant de cette aventure, je veux bien être transformé en grille de mots croisés pour jeune fille de bonne famille. »

L'Ermite, cependant, paraissait extrêmement perplexe. Visiblement, il hésitait à griller la plante des genoux du petit cousin germain du beau-frère de l'oncle par alliance de la nièce de sa grand-mère !

Le chef des ravisseurs s'impatienta :

— Eh bien ! qu'est-ce que tu attends ?

— Ce que vous me demandez d'accomplir est une chose horrible. L'homme à torturer est un de mes parents éloignés... Terrible cas de conscience, tempête sous mon crâne, affreux dilemme, valse-hésitation, remords anticipés, tac tagada, tsoin-tsoin, ploum-ploum-ploum, tra là là là lère !

— Si tu n'obéis pas, Ermite de malheur, on te caressera les côtes avec un fer à repasser.

Le vieillard s'inclina devant cet argument péremptoire et se décida enfin :

— C'est bon, maugréa-t-il, je vais faire ça dans les règles.

Et, fouillant dans le sac de charbon qui lui servait de bibliothèque, il y prit un énorme bouquin relié en peau de saucisson et doré sur tranche au pochoir.

— C'est mon livre de cuisine, expliqua-t-il.

Ouvrant alors le volume à la page 47, il lut à haute voix la recette des plantes de genoux grillés :

— Prenez pour trois ou quatre personnes la moitié d'une plante de genoux que vous placez sur le gril à feu vif et sans mettre de chewing-gum, car ce dernier ferait sortir le jus de la viande pendant la cuisson. Retournez une fois seulement et laissez cuire votre plante des genoux vingt à vingt-cinq minutes au plus, suivant l'épaisseur. Faites-la revenir avec des oignons coupés en petits morceaux. Ajoutez du sel fin et laissez mijoter trois heures environ.

Évariste, épouvanté, hurla :

— Paimpon, paimpon, paimpon!

Les hommes masqués sursautèrent.

— Y aurait-il le feu chez Adèle? s'exclama l'un.

— Non, fit le second, ça doit être le carrosse de la Pompadour qui passe!

— A moins que ce ne soit le car publicitaire du théâtre Molière et compagnie.

Le plombier-zingueur du roi, dont l'effroi redoublait, se mit à hurler de plus belle :

— Paimpon, paimpon, paimpon, paimpon!

Étrange façon, évidemment, d'extérioriser son émotion, mais quand on saura que le trisaïeul d'Évariste avait servi jadis dans les sapeurs-pompiers de la reine Blanche de Castille, on comprendra aisément le pourquoi de la chose et la raison du motif.

Pris de panique, les hommes masqués et l'Ermite se précipitèrent hors de la baraque et se mirent à jouer à saute-mouton dans les allées désertes du bois de Meudon.

Évariste Malfroquet demeura seul en tête à tête avec le pique-feu.

(A suivre)

MISE AU POINT

En réponse aux questions de nombreux lecteurs, et à quelques perfides insinuations, nous tenons à établir de façon définitive et à déclarer péremptoirement que feu le général Boulanger n'a jamais été en rapport avec les organisateurs de la bataille de Bouvines, entreprise strictement privée, à laquelle, de par sa situation officielle, le général ne pouvait, à aucun moment, accorder son patronage.

LA VIE ROMANCÉE D'ÉVARISTE MALFROQUET (7)

CHAPITRE VI

UNE BONNE PETITE RECETTE *(suite)*

— Ah! si seulement je n'étais pas ligoté! soupira-t-il en faisant un effort désespéré pour se débarrasser des liens qui entravaient ses membres endoloris.

Il ne réussit à casser qu'un lacet de chaussure. Médiocre résultat qui lui fit hausser modestement les épaules d'un bon demi-centimètre.

— Il n'y a pas de quoi se vanter! maugréa-t-il.

Mais, à ce moment, on frappa discrètement à la porte.

— Entrez! hurla-t-il.

Un homme coiffé d'une casquette bleue pénétra dans la baraque.

— Je viens relever le compteur de la lampe à pétrole! fit-il. Où est le livret de la Compagnie?

Évariste s'exclama joyeusement :

— Vous êtes mon sauveur, monsieur le contrôleur... Vite, coupez mes liens!

L'autre s'effara :

— Je ne suis pas coupeur de corde, monsieur, mais vérificateur des compteurs à pétrole. A chacun son métier, les passages à niveau seront mieux gardés, comme dit M. de Saint-Granier au micro de Radio-Tuileries.

Notre héros implora :

— Je vous en supplie, brave homme, tirez-moi de

ce mauvais pas et je vous achète l'almanach de la Compagnie pour 1663.

Le visiteur eut un haut-le-corps qui faillit lui faire défoncer la toiture :

— Prenez-m'en deux, monsieur, et ce sera entre nous à la vie et à la mort !

— Combien les vendez-vous ?

— Quinze sols !

— Marché conclu !

Chapitre VII

UNE SOIRÉE CHEZ MOLIÈRE

Louis XIV marchait de long en large dans son cabinet. Il s'impatientait :

— Qu'est-ce qu'elle fabrique ? grommelait-il. Y a au moins dix bonnes minutes qu'elle devrait être là...

Mais la porte secrète de l'armoire à glace s'ouvrit brusquement et la marquise de Montespan apparut soudain, belle comme un service à thé en porcelaine de Sèvres.

— Coucou ! fit-elle.

Le monarque sursauta :

— J'ai failli attendre, beugla-t-il. Vous en prenez un peu trop à votre aise, marquise, j'ai horreur du poireau.

— Excusez, sire Loulou, c'est la fuite de gaz qui m'a retardée.

— Vous vîtes Évariste Malfroquet ?

— Je le vis, Sire.

— Bon... Eh bien ! je condescends à vous pardonner. Vous êtes prête ? Nous sortons.

— Où allons-nous ? Au cinéma ?

— Non, au théâtre de M. Molière. On y joue *Le Misanthrope*.

La Montespan fit la moue :

— J'aurais préféré aller voir *La Porteuse de pain* au théâtre de Belleville.

— Nous irons une autre fois, marquise. Je tiens à assister à la représentation de ce soir. Le rôle de Célimène est interprété par une débutante dont on dit le plus grand bien.

— Comment s'appelle-t-elle?

— Cécile Sorel.

— Jeune?

— Vingt-quatre ans.

— Hum! qu'elle dit...

— En tout cas, elle ne paraît pas davantage.

Quelques instants plus tard, le carrosse royal stoppait devant le théâtre. Le Roi-Soleil s'approcha du guichet.

— A la queue! hurla un monsieur grincheux.

— L'État, c'est moi, protesta sévèrement Louis XIV.

Et, faisant un signe au policier de service :

— Conduisez *illico* cet insolent à la Bastille, ordonna-t-il.

L'homme, furieux, considéra le souverain d'un œil méchant et murmura entre ses dents :

— Attendez un peu le 14 juillet, on se retrouvera au tournant!

Dédaigneuse, la Montespan était demeurée aussi insensible qu'un hareng saur devant un tableau de chasse.

— Maniez-vous le train, Sire, on va louper le premier acte!

Louis XIV se pencha vers la caissière :

— Deux premières galeries, siouplait, et faites-moi un prix, l'État, c'est moi.

— Y a plus que deux strapontins à 4 F 50!

— Laissez-les-moi pour 8 F 95 et je vous autorise

à entrer à cheval dans les cathédrales et à quatre pattes dans les quincailleries...

— Entendu, Sire.

Une ouvreuse s'avança :

— Le programme, Majesté? Je le paye douze sols!

— Moi aussi, ma petite.

Et il lui déposa de la menue monnaie dans le creux de la main.

(A suivre)

La Seine coule à Paris, le Brie coule à Melun.

LA VIE ROMANCÉE D'ÉVARISTE MALFROQUET (8)

CHAPITRE VII

UNE SOIRÉE CHEZ MOLIÈRE *(suite)*

L'entrée du Roi-Soleil et de la Montespan dans la salle fit quelque sensation. Malheureusement un spectateur distrait provoqua un léger incident en criant stupidement :

— Vive Fallières!

Louis XIV fronça les sourcils, mais la marquise de Montespan lui lança un vigoureux coup de coude dans l'estomac :

— Je vous en prie, Sire, pas d'esclandre, on est dans le monde, faut pas nous faire remarquer.

— Compris! rétorqua le monarque.

Et il s'assit docilement sur le strapontin 14 *bis,* cependant que la favorite prenait place sur le strapontin 39 *ter,* à l'autre bout de la rangée.

Déjà on frappait les trois coups traditionnels. Le rideau se leva sur un magnifique décor représentant un coucher de soleil sur l'Adriatique avec, au premier plan, un clair de lune sous la cendre et, à l'arrière-plan, une tempête de neige dans un salon Louis XVI.

Cécile Sorel apparut, un escalier sous le bras.

— Et maintenant, en n'Hollande! déclama-t-elle en alexandrins.

Le rideau tomba.

— Pas mal, ce premier acte! beugla Louis XIV en se tournant vers Mme de Montespan.

La favorite fit la moue :

— Peuh! hurla-t-elle, un peu longuet.

C'était l'entracte.

— On va boire un demi-setier? proposa le roi.

— Merci, répliqua la marquise, je préfère un cornet de cacahuètes.

Chapitre VIII

AU CHÂTEAU DE VERSAILLES

Évariste Malfroquet, libéré par le releveur de compteurs à pétrole, avait quitté la cabane de l'Ermite et s'était mis à la recherche de son carrosse.

Il le retrouva sans difficulté, mit en marche à la manivelle et démarra à toute vapeur.

Trois heures plus tard, il pénétrait dans la cour du château de Versailles.

— Hé! lui cria la concierge, où allez-vous?

Le plombier-zingueur haussa les épaules :

— Je ne vais nulle part, je sors.

— Alors pourquoi avez-vous l'air d'entrer?

— Est-ce que je vous demande si votre trisaïeul savait danser le lambeth-walk et jouer du piston à cornettes?

Confuse, la concierge s'excusa humblement :

— Ce que j'en disais, moi, c'était histoire de causer.

— C'est bien ainsi que je l'entendais. Allez donc voir si je suis dans le buffet de la cuisine.

— Bien, monsieur.

Et la brave dame s'esquiva, trop heureuse de s'en tirer à si bon compte, cependant que le plombier-zingueur se félicitait chaudement pour ses talents de diplomate.

Descendant de son carrosse par la sortie de

secours, il se dirigea d'un pas alerte vers une destination inconnue.

C'est en 1624 que Louis XIII fit construire à Versailles un clapier à lapins qu'il transforma plus tard en buanderie, puis en pavillon de chasse. En 1632, ayant sollicité et obtenu le bénéfice de la loi Loucheur, il fit abattre le pavillon de chasse et demanda à Le Vau de le remplacer par un château grandiose et monumental. Quand Le Vau mourut, en 1676, ce fut Mansart qui poursuivit les travaux et Thomson-Houston qui les termina.

L'ensemble du monument est d'une réelle majesté, surtout si on le contemple à la loupe et en fermant l'œil gauche. C'est un immeuble moderne, avec ascenseurs, tout-à-l'égout, prises de courant, escaliers de marbre, vide-ordures et boutons de porte en celluloïd.

Les jardins, tracés à la craie par André Le Nôtre lui-même, sont magnifiques. On y remarque surtout la serre aux potirons, la porcherie, la mare aux crapauds, le puits artésien, la pelouse de pissenlits, le bassin aux filets d'anchois, et la terrasse aux escargots.

Il faut citer encore l'Orangerie, pittoresquement bâtie au pied gauche d'un gazomètre en macramé, auquel elle est reliée par un fil à plomb doré sur tranche d'un aspect aussi féerique que transitoire.

Au-delà des grilles des jardins, s'étend le parc proprement dit, d'une superficie de 23 litres et demi, que sépare en deux un admirable caniveau du plus pur style Renaissance, orné de bornes-fontaines lumineuses et de quelques poteaux indicateurs en bois précieux qui donnent à cet ensemble unique au monde une allure de four à chaux mérovingien absolument éblouissante.

Mais Évariste Malfroquet, conscient de la mission qui lui était dévolue, ne songeait guère à contempler le spectacle splendide qui s'offrait à sa vue.

Il avançait en sautillant à la façon d'une bonne d'enfant qui aurait avalé par mégarde le hochet de son nourrisson.

(A suivre)

Messieurs, la vie est dure. Portez des cols mous, ça vous fera patienter.

LA VIE ROMANCÉE D'ÉVARISTE MALFROQUET (9)

RÉSUMÉ. — *A la demande générale d'un lecteur, nous résumons aujourd'hui les chapitres précédents un à un et l'un après l'autre, respectivement et successivement. Voici... I. — Bzzzz; II. — Chtroum; III et IV. — Ploumploum; V. — Tac! VI. — Ditto; VII. — Etc.*

CHAPITRE VIII

AU CHÂTEAU DE VERSAILLES *(suite)*

Après avoir tourné ainsi autour de sept ou huit bassins, il arriva devant l'aile droite du bâtiment de gauche où se trouvaient alors les appartements particuliers de Sa Majesté. La porte était ouverte. Il entra sans hésitation, grimpa la rampe d'un escalier, stoppa au 2e étage et se dirigea, toujours en sautillant, vers le cabinet de toilette.

Un domestique en livrée dorée tenta de lui barrer le passage. Évariste Malfroquet l'assomma d'un coup de clef anglaise à l'occiput.

Le valet s'écroula comme un château de cartes sous la poussée d'un mâchicoulis en carton-pâte.

— Pfuit! ricana le plombier-zingueur.

Et, se ruant dans le cabinet de toilette, il s'approcha du lavabo et considéra d'un œil grave le tuyau d'arrivée d'eau chaude.

— V'là le fourbi en question, balbutia-t-il.

Tirant sur une pince-monseigneur à hélice de la poche gauche de son petit gilet, il s'en servit pour couper le tuyau en deux parties égales.

A l'intérieur de l'un des deux demi-tuyaux, un parchemin apparut.

— La révocation de l'édit de Nantes! triompha Évariste Malfroquet. C' que la mère Montespan va être contente quand je lui remettrai ce machin-là derrière la statue de Gambetta!

Curieux, il déploya le parchemin :

— Ventre-Saint-Gris! s'effraya-t-il, qu'est-ce que c'est que ça?

Il était tellement estomaqué qu'il dut se retenir énergiquement par le fond de son pantalon pour ne pas exécuter sur-le-champ trois sauts périlleux, sept pirouettes, une entourloupette et une bonne douzaine d'entrechats.

Il y avait de quoi être stupéfait, car le document retiré du tuyau d'eau chaude ne ressemblait pas plus à une révocation d'édit de Nantes qu'un ouvre-boîte de conserves à une plate-forme d'autobus.

Il s'agissait bien d'une révocation, pourtant, mais c'était celle du chevalier du guet mirador de la place de Grève!

Évariste, bouleversé, se pinça le nombril pour s'assurer qu'il ne rêvait pas. Ce geste lui arracha un hurlement de douleur péremptoire et significatif.

— Hé non, grommela-t-il, je ne dors point. Qui a mis ce papier-là? Louis XIV lui-même? Ou bien une tierce personne suspecte et clandestine?

Il en était là de ses réflexions, quand une main se posa soudain sur son épaule.

Il tressaillit à toute volée, se retourna et pâlit affreusement : *Nicolas Fouquet, surintendant des Finances, se tenait devant lui, en grand uniforme de palefrenier auxiliaire!*

— Ah! ah! fit le nouveau venu d'un ton sardonique, vous ne m'attendiez pas; messire Évariste Malfroquet?

— J' vas tout vous expliquer, m'sieur le surintendant, bredouilla le plombier-zingueur, j'étais chargé de déboucher le tuyau du lavabo...

— Ouais! sur l'ordre de la marquise de Montespan, n'est-ce pas?

Évariste frissonna... Comment ce diable d'homme avait-il pu percer un secret qui semblait si bien gardé?

Fouquet cligna de l'œil :

— Tenez-vous à garder votre ventre sur vos genoux? demanda-t-il.

— Siouplait?

— Je voulais dire, reprit le surintendant, votre épaule sur vos têtes... Enfin, votre tête sur vos épaules...

— Oh! oui, m'sieur Fouquet, pour sûr que j'y tiens!

— Alors, il faudra me prêter votre casquette.

— Ma casquette? Et pourquoi?

— C'est moi qui, à votre place, irai demain soir au rendez-vous du Louvre, derrière la statue de Gambetta.

— Comment! Vous saviez ça aussi?

— *Sciences et Voyages!*

— Quoi?

— Je veux dire : Le « Système D ».

Malfroquet lui tendit son couvre-chef :

— Je vous la recommande, ma casquette, m'sieur le surintendant, soignez-la bien... C'est un souvenir de famille qui me vient de mon petit-neveu.

— N'ayez crainte, je ne l'abîmerai pas.

Fouquet fit demi-tour et se dirigea vers la porte. Le plombier-zingueur courut après lui :

— Hep! voulez-vous aussi le parchemin?

— Merci, je n'ai pas soif, ce sera pour une autre

fois... Au revoir, bon appétit et mes hommages à votre voisin de palier...

(A suivre en voiture à bras)

LA VIE ROMANCÉE D'ÉVARISTE MALFROQUET (10)

RÉSUMÉ. — *Malfroquet, s'il s'était appelé Louis XIV, aurait pu régner sur la France, mais, se prénommant Évariste, il dut renoncer à cette ambition et se contenta du rôle plus obscur mais tout aussi honnête de plombier-zingueur. Un soir, la Montespan... (Lire la suite du résumé dans notre prochain numéro.)*

CHAPITRE VIII

AU CHÂTEAU DE VERSAILLES *(resuite)*

Évariste demeura seul dans le cabinet de toilette du roi, ses deux demi-tuyaux à la main. Il était consterné comme une poule couvant un œuf de renard.

— Si la marquise ne m'envoie pas coucher à la Bastille avec un billet de logement, je veux bien être transformé en Boldoflorine ou en essuie-glace de taxi-carrosse!

A ce moment, le valet de pied qu'il avait assommé dans le corridor reprit connaissance et se précipita vers lui.

Malfroquet le toisa de haut en bas :

— Je ne vous ai pas sonné, dit-il.

— Eh ben! qu'est-ce qu'il vous faut? protesta l'autre; même que j'en ai pris un sacré coup sur le ciboulot.

— Alors, excusez-moi : j' me suis trompé... Vous pouvez disposer.

— Bien, Monsieur.

Et le domestique, faisant volte-face d'un joli coup de rein, s'éloigna en glissant sur le postérieur et sur le parquet entretenu à la cire Tatane.

— Bonsoir! fit aimablement le plombier-zingueur en agitant bénévolement son mouchoir.

Chapitre IX

MISÈRE ET ABOMINATION

Délaissons un instant nos héros, voulez-vous, pour nous occuper un peu de la situation de la France à cette époque mémorable entre toutes.

Elle n'était pas brillante, il faut bien le dire, dans les milieux interurbains.

Louis XIV, en effet, sur les conseils d'un intendant que nous ne nommerons pas pour ne point vexer ses arrière-petits-beaux-frères, forçait les interurbains à loger chez eux des mousquetaires motorisés. Ceux-ci avaient le droit de tout faire.

Et ils en profitaient, les coquins! Beaucoup faisaient cuire leurs omelettes, par exemple, sur les radiateurs du chauffage central. D'autres donnaient des coups de pied aux bassinoires; certains mangeaient les boutons de porte, sonnaient du cor sur les genoux des vieillards, saupoudraient les perruques de hachis Parmentier, remplissaient les tabatières avec du mâchefer dénicotinisé, couchaient dans l'armoire, s'asseyaient sur la suspension, se mouchaient dans les doigts de leurs hôtes, fumaient leurs lacets de chaussures, dévissaient leurs fixe-chaussettes, etc. Bref, les malheureux interurbains menaient une vie abominable rappelant terriblement celle des ostréiculteurs napolitains, en 734 avant Jésus-Christ, sous le règne du cruel empereur romain Curriculum Vitae!

Dans les campagnes, la misère était grande. Nombreuses étaient les gardes-barrières qui n'avaient même pas de passage à niveau.

Les laboureurs du Berry en étaient réduits à labourer les toits de leurs bicoques. Les Dauphinois se nourrissaient exclusivement d'omelettes aux fines herbes et d'assiettes anglaises garnies de cervelas aux petits pois. C'était atroce...

Tandis qu'à Versailles on mangeait des sandwichs à la brioche et de la sauce aux câpres sans câpres, les bourgeois de Calais n'avaient rien à se mettre sous la dent que d'affreux welch-rarebits et de répugnants goulaschs à la néerlandaise.

Pénible époque!

Évidemment, nous n'y pouvons rien aujourd'hui, mais quand on songe à toutes ces horreurs, on se demande s'il n'y aurait pas de quoi interpeller le gouvernement actuel et réclamer le retour à la représentation proportionnelle!

Ainsi, des hommes étaient en prison pour avoir déplu au Roi; d'autres canotaient sous la trique à cause de l'intolérance du Roi; et toute la France souffrait à cause des dépenses du Roi... Mais, dans Versailles, Louis XIV menait la vie qu'il aimait et Évariste Malfroquet jonglait avec les deux demi-tuyaux de l'arrivée d'eau chaude...

Et c'est là que nous voulions en venir...

Notre héros, fort inquiet de la colère de la Montespan quand elle apprendrait l'échec de son plan, se demandait avec angoisse s'il ne valait pas mieux aller se constituer prisonnier à la Bastille immédiatement...

— J'y vais! dit-il résolument en lançant au bout du corridor ses deux demi-tuyaux.

Et il marcha d'un pas décidé vers la porte de sortie. Mais il n'avait pas parcouru dix-huit mètres cinquante, qu'une voix étrange cria derrière lui :

— N'oublie pas que les carottes sont cuites et que les navets sont crus!

Il se retourna et constata tout de suite que ce n'était point Vercingétorix, et encore moins Félix Faure. C'était Louvois!

(A suivre avec enthousiasme)

Reproduction interdite sur tous les murs de bâtiments publics.

LA VIE ROMANCÉE D'ÉVARISTE MALFROQUET (11)

RÉSUMÉ. — *Les espions étant particulièrement nombreux en ce moment, nous croyons devoir résumer prudemment les chapitres précédents en langage secret. Le code est à la disposition des curieux qui n'auront qu'à le prendre eux-mêmes dans la malle arrière de la voiture du préfet de police. Voici donc le résumé, en code WZ accéléré :* « *AWXCRZTQDNMLKRSTZX* ».

CHAPITRE IX

MISÈRE ET ABOMINATION *(suite)*

— Oh! Excellence, bredouilla Évariste en reconnaissant le ministre de la Guerre, c'est pas pour vous flatter, mais vous m'avez fait peur!

Louvois fronça longuement les sourcils.

Fils de son père, Louvois était né subitement en 1639, mais c'est seulement un certain nombre d'années plus tard qu'il gagna — dans une tombola à la Cour — la confiance du Roi-Soleil.

Il utilisa cette confiance au mieux de ses intérêts et s'acquit en peu de temps une grande réputation. Autoritaire et presbyte, travailleur et bricoleur, violent et asthmatique, il était très fort au billard russe et à cache-tampon. Avant tout administrateur, il motorisa les mousquetaires, créa l'armée de l'Air et dota l'infanterie de la baïonnette mécanique à lames de rechange pourvues de trois trous. Il fonda des écoles militaires, créa l'Hôtel des Invalides, fit construire des casernes, brûla le Palatinat et épousa la fille du marquis de Courtenvaux.

Bref, c'était quelqu'un...

— Que vouliez-vous dire, Excellence, questionna Malfroquet, en me parlant des carottes cuites et des navets crus?

Le ministre de la Guerre se croisa les bras et eut cette réplique magnifique mais terrible :

— Quoi?

Évariste répéta en articulant le mieux possible syllable par syllabe.

— Très simple, répondit Louvois. La révocation de l'édit de Nantes c'est moi qui l'ai dans la poche secrète de ma perruque. Je n'ignore rien de ce que vous tramez, tous autant que vous êtes; toi, Malfroquet... Elle, la Montespan... Lui, Fouquet... Elle, la Montarbourg... Eux, Saint-Gnangnan, de Lorraine et M. de Guiche... Mais toi, elle, lui, elle et eux, prenez garde... Louvois vous voit, et il louvoie!

Claquant des talons, il fit demi-tour, laissant Malfroquet abasourdi, désemparé, atterré, bouleversé, troublé et déconcerté.

— Ah! soupira le pauvre bougre, c'est déconcertant, troublant, bouleversant, atterrant, désemparant et abasourdissant!

Chapitre X

COUP DE THÉÂTRE

Les 47 coups de 20 h 42 venaient de sonner à la pendule automatique de la gare d'Orsay. La cour du Louvre était presque déserte, mais un homme drapé d'une sombre cape rôdait autour de la statue de Gambetta. Le chevalier de Lorraine, fidèle aux instructions reçues de la Montespan, guettait Malfroquet pour lui subtiliser le document convoité par la favorite.

— S'il n'est pas en retard, le plombier sera là dans trois minutes, murmura le chevalier.

Et il caressa nerveusement le casse-tête chinois qu'il dissimulait dans la doublure de son chandail. Un ricanement le fit brusquement sursauter.

— Eh bien! chevalier, que fabriquez-vous ici? Seriez-vous en train de jouer tout seul aux quatre coins?

M. de Lorraine tressaillit en rectifiant la position, car son interlocuteur n'était autre que Louis XIV!

— Sire, bégaya-t-il, je... Enfin... C'est-à-dire...

— Remettez-vous, mon ami, vous avez parfaitement le droit de surveiller la statue de Gambetta. On a bien volé la Joconde, l'autre jour? Pourquoi ne chiperait-on pas la statue de Gambetta? Alors, hein, vous avez raison de veiller sur elle...

Le chevalier de Lorraine, rassuré, s'inclina devant le souverain :

— Sire, votre Majesté est bien bonne... Je fais simplement mon devoir...

Le Roi-Soleil éclata de rire :

— Ah! ah! ah!... Eh bien! chevalier, vous continuerez à faire votre devoir, dès ce soir, dans un des cachots les plus accueillants de la Bastille!

L'officier pâlit :

— Sire, vous... vous plaisantez?

— J'ai horreur des plaisanteries de mauvais goût, monsieur de Lorraine... Vous irez à la Bastille et vous y resterez tant que tel sera mon bon plaisir... L'État, c'est moi; à moi Auvergne, la garde meurt et ne se rend pas, tirez les premiers, messieurs les Anglais, et youp-la boum, y a de la joie! Méditez ces fortes réflexions, ce sont des paroles historiques... Vous connaissez le chemin jusqu'à la Bastille?

Le chevalier baissa la tête :

— Oui, Sire, par le métro, c'est direct!
— Alors, allez-y, et ne vous amusez pas en cours de route, car je le saurais.

(A suivre en marquant le pas)

LA VIE ROMANCÉE D'ÉVARISTE MALFROQUET (12)

RÉSUMÉ. — *Je résume, tu résumes, il résume, nous résumons, vous résumez, ils résument. Il eût fallu que je résumasse, il eût fallu que nous résumassions, que vous résumassiez, qu'ils résumassent, résume, résumons, résumez, résumant, résumé.*

CHAPITRE X

COUP DE THÉÂTRE *(suite)*

Le chevalier de Lorraine, accablé, salua son souverain d'un geste mou et déglingué.

— Adieu, Sire! larmoya-t-il.

— Bonjour à Latude! riposta ironiquement Louis XIV.

L'autre s'éloigna lentement, mais il n'avait pas fait quinze pas que le Roi-Soleil le rappela soudain :

— Ohé! ohé!... Hé!... Hoooh!... Ohé!... Hoooh!... Ého!... Ohé!

Le chevalier de Lorraine ne comprit pas tout de suite que c'était à lui qu'on s'adressait.

— Y a encore des ramoneurs dans le quartier! songeait-il.

Mais, les cris redoublant, il tourna la tête et vit Louis XIV qui faisait des gestes désespérés tout en hurlant de plus belle :

— Ohé!... Hé! ho!... Hep, là-bas!... Psst, psst! Ohé! ého! polo, polo, polo, polo!

Cette fois, l'officier fit demi-tour et accourut au triple galop, piaffant comme un cheval de course ayant sauté à la perche la rivière des tribunes.

— Vous me rappelez, Sire?

— Ouais, je vous rappelle, chevalier. Je ne sais pas si je vous l'ai déjà dit, mais l'État c'est moi...

— Je sais, oui, la garde meurt et ne se rend pas, tirez les premiers, mesdames et messieurs, prenez des petites pilules pour le foie, de l'audace, encore de l'audace et yop-la boum... Vous me l'avez dit tout à l'heure, ce sont des paroles historiques.

— Très bien, chevalier... Or donc, l'État étant moi, j'ai décidé de changer d'idée. Vous n'allez plus à la Bastille.

— Où vais-je?

— Dans la rue de Rivoli, au coin de l'impasse des Pyramides, y a un p'tit bistro... Ça s'appelle « Au rendez-vous des moucheurs de chandelles ». Le patron me connaît très bien d'ailleurs. Allez-y, je vous rejoindrai dans une demi-heure. Prenez un glass au zinc en m'attendant, mais ne jouez pas dans les appareils à sols, surtout...

— Compris, Sire... J'y vole!

— A tout à l'heure!

Chapitre XI

RÉVÉLATIONS SURPRENANTES

Le chevalier de Lorraine avait à peine disparu qu'une ombre surgit derrière la statue de Gambetta.

Le Roi avait reconnu tout aussitôt l'ombre de M. Fouquet.

— Bonsoir, monsieur Fouquet! s'écria-t-il.

— Oh! balbutia le nouveau venu, je ne m'attendais pas à trouver Votre Majesté en ce coin perdu de la cour du Louvre.

— J'adore la statue de Gambetta, monsieur Fouquet, j'ai même l'intention d'y passer quinze jours de vacances dans le courant du mois prochain. Je ferai du camping sur le piédestal. Vous n'êtes jamais monté sur ce piédestal, monsieur Fouquet?

— Jamais, Sire... Oh! vous savez, moi, les voyages, l'alpinisme, le camping...

— Vous n'êtes pas de notre époque, monsieur Fouquet, vous avez comme qui dirait plusieurs diligences de retard... Connaissez-vous la Bastille?

Le surintendant des Finances frissonna :

— Non, et vous, Sire?

— Moi non plus, mais je connais le directeur de cet établissement. Avec un mot de recommandation signé de moi vous y serez reçu, monsieur Nicolas Fouquet, de la façon la plus cordiale...

— Sire, interrompit Fouquet, embastillez-moi si vous le voulez, mais j'ai de graves révélations à vous faire : on a tenté de subtiliser la révocation de l'édit de Nantes!

— Qui? hurla Louis XIV.

— Évariste Malfroquet!

— Sur l'ordre de qui? hurla Louis XIV.

— Mme de Montespan!

— Calomnie!

— Non.

— Si!

— Non.

— Prouvez-le!

— Interrogez Évariste Montespan, Sire, et il vous dira que la Malfroquet est l'instigatrice de ce mauvais coup.

— C'est bon, je les interrogerai tous les deux, et si vous avez menti, Fouquet, vous finirez vos jours dans une chambre à coucher des galeries Vauban!

— Ah! trembla Fouquet, ce serait horrible... Mais

Votre Majesté se rendra compte, c'est pas des bobards que j'y ai dégoisés.

Sans ajouter un mot, Louis XIV s'esquiva à cloche-pied, une main derrière le dos et l'autre sur la tête.

(A suivre en catimini)

LA VIE ROMANCÉE D'ÉVARISTE MALFROQUET (13)

RÉSUMÉ. — *Innovation... Nous nous tenons à la disposition de nos lecteurs pour aller résumer à domicile les précédents chapitres du feuilleton. Si vous désirez la visite d'un de nos résumeurs ambulants, veuillez nous envoyer un mandat de mille francs à titre d'acompte sur les frais inhérents au déplacement de notre collaborateur. Ces frais seront calculés à raison de 500 F le kilomètre (aller et retour) et de 125 F de l'heure (tarif double entre 23 h 12 et 7 h 26. Pour les lecteurs non fortunés, nous avons aussi d'excellents résumés téléphoniques d'occasion, mais presque neufs, que nous soldons à bas prix.*

CHAPITRE XI

RÉVÉLATIONS SURPRENANTES *(suite)*

Fouquet regarda partir son souverain avec un certain effarement.

— Où peut-il bien aller? songeait-il.

Louis XIV ne se retourna même pas. Traversant, toujours à cloche-pied, la cour du Louvre, il atteignit la porte centrale de la rue de Rivoli.

La sentinelle, poliment, lui présenta les armes.

— Salu...e! fit le Roi-Soleil avec un petit geste protecteur de la main gauche et un sourire bienveillant de l'œil droit.

Et il sortit. *Incognito* et sans escorte... Sans escorte

apparente, du moins, car, en réalité, les quarante chevaliers du guet et les trente-trois agents-miradors attachés à la surveillance personnelle de Sa Majesté, s'empressèrent de le suivre à petits pas, col de cape relevé, jugulaire au menton, sabre au clair et bâton blanc sur l'épaule droite.

Chapitre XII

« AU RENDEZ-VOUS DES MOUCHEURS »

Louis XIV s'arrêta devant la taverne située à l'angle de la rue de Rivoli et de l'impasse des Pyramides. Au-dessus de la porte une enseigne lumineuse trouait la nuit. « Au rendez-vous des moucheurs de chandelles », qu'on y lisait.

Le Roi-Soleil entra, cependant que les quarante chevaliers du guet et les trente-trois agents-miradors se dissimulaient les uns derrière les autres dans l'encoignure d'une porte cochère.

Louis XIV sursauta en voyant le chevalier de Lorraine qui, malgré la défense, s'expliquait dans un coin de la salle avec un appareil à sols.

Le roi, sans mot dire, s'approcha du comptoir. Le patron leva la tête :

— Votre Majesté vient sans doute pour régler sa petite ardoise?

— Non, on reparlera de ça à la fin du mois... Vous ne voulez plus me faire crédit? Vous avez de mauvais renseignements sur moi?

— Oh! pas du tout, Sire, pas du tout... Que faut-il servir à Votre Majesté?

— Un mélé-cass bien tassé!

A ce moment la porte s'ouvrit et un homme coiffé

d'une casquette apparut. C'était Évariste Malfroquet!

Louis XIV s'exclama :

— Ah! te voilà, toi... Je suis bien content de te rencontrer... Viens trinquer avec moi, j'ai à te causer!

— Bonjour, Sire, balbutia le plombier-zingueur, comment ça va chez vous?

— Pas mal, merci... Qu'est-ce que tu prends?

— Un pernod arrière-petit-fils!

— Pourquoi arrière-petit-fils?

— Parce que le pernod fils est un peu trop fort, ça me brûle l'estomac... Alors, s'pas, Majesté, hein?

— Bon, bon, ça va... Parlons de choses sérieuses... Qu'est-ce que tu cherches dans ta poche?

— De la monnaie, pour payer...

— Laisse, c'est ma tournée... Réponds plutôt à mes questions.

— Excusez-moi, Sire, je... enfin, je suis pressé... Y a une fuite d'électricité au cadran solaire de l'Obélisque, faut que j'aille réparer...

— Tu iras réparer plus tard... Écoute-moi... Tu complotes contre moi avec la Montespan?

Évariste pâlit affreusement :

— J' vas tout dire à Votre Majesté... Mme de Montespan m'avait chargé de barboter la révocation de l'édit de Nantes dans le tuyau d'arrivée d'eau chaude du lavabo de Votre Majesté au Palais de Versailles...

— Misérable!

— J'ai pas osé refuser... La marquise est tellement autoritaire... J'ai eu peur... Alors, j'ai obéi... Seulement, y avait pas de révocation d'édit de Nantes dans le tuyau.

Louis XIV tressaillit :

— Qu'est-ce que c'était?

— J'ose pas le dire.

— Dis-le!

— Eh ben! c'était autre chose.

— Autre chose? Je m'en doutais.

— Et puis, y a M'sieur Fouquet qui s'en est mêlé, puis M'sieur Louvois, même qu'il a dit comme ça : « Louvois vous voit, et il louvoie! »

— Je..., commença Louis XIV.

Mais il s'arrêta net. Un hurlement épouvantable venait de retenir. C'était le chevalier de Lorraine qui avait enfin réussi à descendre la cagnotte de l'appareil à sols...

(A suivre des yeux)

Reproduction interdite sous peine des travaux forcés à perpétuité.

LA VIE ROMANCÉE D'ÉVARISTE MALFROQUET (14)

RÉSUMÉ. — *Pour satisfaire nos lecteurs étrangers, voici un résumé dans une langue que nous ignorons mais qu'ils connaissent peut-être : « Dala mi znameni, abych vstoupil, a jeji poloha se stàvala cim dàl vyzyvavejsi. Hm, jestlize prodavacky Evaristapoulo Malfroketowsky a zàdàty zbôzi ràzné venku sklénénou tàbüly! »*

CHAPITRE XII

« AU RENDEZ-VOUS DES MOUCHEURS » *(suite)*

Louis XIV vira en bondissant.

— Eh bien! chevalier, clama-t-il d'une voix de stentor enroué, vous jouez malgré mon interdiction?

Le lieutenant des mousquetaires baissa la tête jusqu'aux genoux :

— Sire, pardonnez-moi, ça a été plus fort que moi... Au lieu de révoquer l'édit de Nantes, vous feriez mieux d'abolir les appareils à sols. C'est une tentation d'autant plus malsaine qu'elle est irrésistible...

Le Roi-Soleil grimaça :

— Je n'ai pas de conseil à recevoir, partageons la cagnotte et n'en parlons plus!

Le chevalier de Lorraine, s'exécutant à contrecœur,

tendit à son souverain les pièces de monnaie tombées de l'appareil automatique.

Louis XIV se tourna vers le patron :

— Tenez, voilà de quoi régler mon ardoise, et remettez-nous ça!

Évariste Malfroquet protesta :

— Écoutez, Majesté, je veux bien reprendre un verre, mais à condition que vous acceptiez une troisième tournée aussitôt après?

— D'accord!

Les trois hommes vidèrent leurs verres qui furent emplis immédiatement par le bistro. Après quoi, on se jeta derrière la cravate la tournée offerte par le plombier-zingueur.

— A mon tour de régaler! dit alors le chevalier de Lorraine.

Et de reboire.

— Et maintenant, déclara en souriant le tavernier, c'est la tournée du patron.

Et de rereboire. Louis XIV, dont les yeux papillotaient, commençait à être passablement éméché. Évariste, complètement rétamé, ne tenait en équilibre que par un pur miracle. Quant au chevalier de Lorraine, il eût rendu des points à Victor Boucher dans sa fameuse scène des *Vignes du Seigneur*. Pour une triple cuite, c'était une jolie triple cuite.

Le Roi-Soleil se mit à chanter d'une voix pâteuse :

Qui qu'est p'tite?
C'est la marguerite!
Qui qu'est rond?
C'est le potiron!
Qui qu'est grande?
C'est pas la limande!
Qui qu'est mou?
C'est le roudoudou!

Évariste essaya d'applaudir, mais rappelé à l'ordre

par les lois de la pesanteur, il tomba à la renverse en poussant un cri qui n'avait plus rien d'humain.

— Montélimar, tout le monde descend! hurla le chevalier de Lorraine.

Louis XIV hoqueta :

— Hé! chevalier de... de Lorraine... Ramasse-le, le p... plombier-zingueur... l'État, c'est moi, alors, pas, hein, l'État il est complètement saoul... Qui qu'est p'tite? C'est la marguerite... Qui qu'est rond?.. Patron... Hé! patron... Remettez-nous ça...

Mais la femme du bistro venait de surgir de l'arrière-boutique. Elle croisa les bras :

— N'en v'là un chambard! grommela-t-elle, j'te défends de resservir à boire à ces ivrognes, hein?

— Bobonne, protesta le débitant, c'est le roi et deux de ses copains!

— J' m'en tamponne le coccyx sur le frigidaire, flanque-moi ces pochards à la porte et plus vite que ça! C'est une maison comme il faut, ici!

— Bon, bon, répliqua le tavernier, te fâche pas... Allez, vous autres, sortez!

— De quoi! riposta Louis XIV, de quoi? J' le paye mon verre... Alors, j'ai plus le droit de boire, à présent? Ben! et la liberté du consommateur, qu'est-ce que t'en fais?

— Filez, que je vous dis!

Et le mastroquet, prenant Louis XIV par les deux épaules, le jeta dehors, cependant que la bistrote — une femme bien musclée — soulevait Évariste à bout de bras et le balançait à son tour sur le pavé de la rue de Rivoli. Le chevalier de Lorraine, prudemment, sortit à quatre pattes avant qu'on ait eu le temps de l'expulser, lui aussi.

Dans la rue, comme on leur claquait la porte au nez, les trois hommes se regardèrent avec stupeur :

— Ça, alors, beugla le Roi-Soleil, c'est la fin des haricots!

Et il montra le poing :

— T'auras de mes nouvelles, hé! marchand de piquette... Non mais, des fois!

— Acré, répliqua Évariste Malfroquet, acré, Majesté... V'là les sbires du cardinal qui s'amènent!

(A suivre à plat ventre)

LA VIE ROMANCÉE D'ÉVARISTE MALFROQUET (15)

RÉSUMÉ. — *A la suite d'une intervention diplomatique (d'ailleurs aussi louche que suspecte), le Quai d'Orsay nous prie de démentir formellement notre résumé de la semaine dernière. Voilà qui est fait!*

CHAPITRE XII

« AU RENDEZ-VOUS DES MOUCHEURS » *(suite)*

En effet, une patrouille arrivait en marquant le pas. C'étaient les gardes du cardinal de Richelieu-Drouot, lequel avait succédé à son père Richelieu-30-88 et la suite, au lendemain de l'assassinat de Mazarin par le beau-frère de Ravaillac.

— Ben! mon vieux, fit Louis XIV, si ces gars-là nous emboîtent, tu parles d'un scandale à la Cour!

— Faut pas qu'ils se rendent compte qu'on est ronds, Majesté! répliqua Évariste.

— T'as raison, levons-nous et prenons notre sérieux... D'ailleurs, si les troupes du Cardinal m'empoisonnent de trop, hein... Moi, je fais donner la garde mobile!

Le chevalier de Lorraine réussit à se lever tant bien que mal. Le plombier-zingueur aussi, mais pour le Roi, ce fut une autre paire de rouflaquettes!

— Il ne peut pas se mettre debout, grogna l'officier.

— Faisons-lui la courte échelle! suggéra Malfroquet.

— Allons-y!... Oh! hisse... Oh! hisse... Oh! hisse... Là, parfait... Ça y est!

— Merci, hoqueta Louis XIV.

Et il ajouta :

— C'est un grand honneur pour toi, Évariste Malfroquet, d'assister au lever du roi!

Chapitre XIII

BATAILLE RANGÉE

Mais la patrouille venait de stopper. L'officier qui la commandait interpella les trois noctambules :

— Vos papiers!

— Heu! fit Louis XIV, quels papiers?

— Une carte d'électeur, un permis de conduire, un certificat de bonne vie et mœurs, un livret militaire, une carte de pesage, un extrait de naissance, un coupe-file, une quittance de loyer, et caetera, et caetera...

— Je n'ai rien de tout ça!

L'autre arqua les sourcils :

— Comment vous appelez-vous?

— Louis XIV.

— Profession?

— Roi de France.

— Vous n'êtes pas au chômage, non? Vous travaillez en ce moment?

— Oui, j' fais mes quarante heures, comme tout le monde.

— Où habitez-vous?

— Au Louvre.

— Qu'est-ce que vous faites dans la rue, tous les trois? Vous ne savez donc pas que le couvre-feu est sonné depuis longtemps?

Le Roi-Soleil se croisa les bras :

— Écoutez, mon brave, vous commencez à me courir sur le bigoudi, vous, avec vos questions saugrenues. L'État, c'est moi... Et l'État vous prie de lui fiche la paix...

— Hum! je crois plutôt qu'en fait d'État, vous êtes en état d'ivresse... Suivez-moi!

Et il se mit à hurler :

— A moi, ma garde!... A moi les agents-mirадors!... A moi, les chevaliers du guet!

La garde personnelle du roi, qui n'attendait que cet ordre pour intervenir, sortit brusquement de la porte cochère où elle était postée.

— Corrigez-moi ces sbires cardinalesques comme ils le méritent! commanda Louis XIV.

Les gardes du cardinal dégainèrent. Les autres en firent autant. Et ce fut une bataille terrible, une bataille sans merci. Et je t'assène des coups de matraque aux hommes du cardinal! Et je te botte le derrière des miradors! Et je te pince le cubitus! Et je te tire-bouchonne l'apophyse coracoïde! Et vlan, et zou et vlan!... Et pif, et paf, et poum! Et pan, et pan, et pan!

C'était un vrai carnage... Évariste, pâle comme une assiette anglaise revenant des sports d'hiver, considérait la scène avec des yeux agrandis par l'horreur.

— Doux farniente! bredouillait-il, doux farniente! mais c'est abominable!

— Ksss! ksss! ksss! hurlait Louis XIV en roulant les « r » furieusement.

— Guili! guili! guili! criait à pleins poumons le chevalier de Lorraine en faisant des moulinets avec son gilet de flanelle.

Soudain, Évariste Malfroquet s'exclama :

— Je ne veux plus voir ça... Y a un avertisseur au coin de la rue... Je vais appeler Police-Secours!

(A suivre sur la pointe des cheveux)

Reproduction interdite entre midi et deux heures.

AVIS

Les facteurs des P.T.T. de France et des Colonies annoncent à toutes les personnes y résidant que leurs parents, amis et connaissances à qui elles auraient l'intention d'envoyer des vœux les en remercient et en ont autant à leur service.

LA VIE ROMANCÉE D'ÉVARISTE MALFROQUET (16)

RÉSUMÉ. — *Au moment de mettre sous presse, nous nous apercevons avec douleur que le résumé de cette semaine est encore plus absurde que les précédents. Comme il y a tout de même une limite à l'ineptie, nous avons décidé de ne pas le publier. Si notre collaborateur n'est pas content, il n'a qu'à porter ses résumés à la* Revue des Deux-Mondes *ou au* Journal de la Quincaillerie en gros.

CHAPITRE XIII

BATAILLE RANGÉE *(suite)*

Hélas! ce que le plombier-zingueur avait pris pour un avertisseur n'était pas un avertisseur. C'était un homme-sandwich qui trimbalait une pancarte publicitaire pour les aspirateurs à pétrole Fénélon and C°.

Croyant briser la glace, Évariste lui décocha en plein visage un magistral coup de poing.

— Han! fit le pauvre diable.

Malfroquet tressaillit.

— Tiens! ça se modernise : l'avertisseur qui parle!

— Hé! grommela l'autre, je ne suis pas un avertisseur. Vous pourriez faire attention...

— Qu'est-ce que vous êtes, alors?

— Homme-sandwich pour les aspirateurs Fénelon!

— Ah! pardon, excusez... Aussi on n'a pas idée de

se balader en pleine nuit, dans l'obscurité, quand on est un homme-sandwich... Qui voulez-vous qui vous lise? Ça ne sert absolument à rien, votre fourbi!

— Détrompez-vous... La maison Fénelon and C° lance en ce moment un modèle d'aspirateur spécial pour albinos. Alors, comme ces gens-là ne voient clair que la nuit, faut bien promener la pancarte dans les ténèbres.

— Peut-être, bougonna le plombier-zingueur, mais c'est pas ça qui va alerter la police. Les copains continuent à se bigorner.

— Si ça peut vous rendre service, messire, je peux aller au poste de guet le plus proche et je vous ferai envoyer du secours.

— Vous êtes un brave homme-sandwich, vous n'avez pas de rancune, vous, au moins. Merci, mon vieux, dépêchez-vous!

Chapitre XIV

UN SCANDALE A LA COUR

Dans les couloirs du Louvre, cependant, la marquise de Montespan appelait le roi à cor et à cri :

— Loulou! Loulou! hurlait-elle, Loulou XIV! Où es-tu, mon p'tit Totorze?

Totorze — et pour cause — ne répondait pas!

Dans un salon, elle croisa le duc de Bourgogne.

— C'est le patron que vous cherchez, marquise? demanda celui-ci.

— Oui, duc!

— Moi aussi, je le cherche. J'ai de mauvaises nouvelles à lui annoncer. J'arrive de Rennes, ça va mal, là-bas!

— Les automobilistes?

— Non, marquise, c'est plus grave. Le peuple se

révolte contre les impôts sur le tabac et le papier timbré.

— Le papier timbré, on s'en passe, duc! On peut vivre sans papier timbré, ce me semble!

— Il faut croire que non, car les Bretons ont saccagé les bureaux de perception et dans la campagne des bâteaux chrûlent...

— Hein?

— Des châbeaux trûlent... Enfin, je veux dire : des châteaux brûlent. C'est plus qu'une émeute, c'est une révolution.

— Écoutez, mon cher duc, parlons de choses sérieuses, voulez-vous? Ces histoires bretonnes ne sont pas drôles, moi, je vais vous en raconter une bien bonne... Il était une fois...

Le duc de Bourgogne haussa les épaules :

— Je la connais!

La favorite du roi, vexée, prit un petit air pincé.

— Eh bien! lança-t-elle, puisqu'il en est ainsi, je ne vous la raconterai pas!

Et elle tourna les talons, rageusement.

Ce faisant, elle se trouva face à face avec un monsieur. Ce monsieur, c'était Monsieur.

— Bonjour, Monsieur, lui dit-elle.

— Ne m'appelez pas Monsieur, marquise.

— Oh! minauda-t-elle, je n'oserai jamais...

— Appelez-moi Votre Altesse Royale.

Elle pâlit :

— Votre Altesse Royale est méchante avec celle que choisit le Roi.

— Ne faites pas de calembours, j'ai horreur de ça. Laissez ces distractions frivoles et désuètes au jeune vicomte de Rauzéna, elles ne sont pas dignes de la favorite d'un roi!

La Montespan, d'autant plus écœurée qu'elle n'avait pas l'impression d'avoir calembourdé, gifla bruyamment le frère de Sa Majesté.

— Oh! clamèrent en chœur douze courtisans qui

passaient bras dessus bras dessous, mains dans les poches et jambes croisées.

Un vieillard, caché derrière une colonne, avait assisté à l'incident.

— Chouette! murmura-t-il, quel beau titre à la une pour ma *Gazette :* « Un scandale à la Cour, Mme de Montespan gifle le frère du Roi. »

C'était Théophraste Renaudot, journaliste professionnel.

(A suivre en file indienne)

Reproduction interdite à tous les journaux imprimés au pochoir.

LA VIE ROMANCÉE D'ÉVARISTE MALFROQUET (17)

RÉSUMÉ. — *Plusieurs lecteurs nous prient instamment de résumer, non pas les chapitres précédents, mais les illustrations du feuilleton. Pour donner satisfaction à ces lecteurs, nous avons demandé à notre ami Henry de résumer en quelques traits les dix-sept dessins qui ont déjà paru. Mais Henry, hélas! n'a pas l'air décidé à obtempérer.*

CHAPITRE XIV

UN SCANDALE A LA COUR *(suite)*

Né en 1586 à Loudun, Théophraste Renaudot, reçu docteur à Montpellier en 1606, était devenu médecin du roi en 1612.

Peu à peu, délaissant la médecine pour le journalisme, il fonda, avec l'appui de Mazarin, un journal périodique intitulé la *Gazette*.

Cette *Gazette* fut, en quelque sorte, le *Paris-Soir* de l'époque. On y trouvait non seulement des informations puisées aux meilleures sources, des faits divers retentissants, des reportages pittoresques, etc., mais aussi des feuilletons passionnants, tels que l'*Arrière-grand-père du Disparu de la Huche à pain*, et des petites annonces comme celle-ci, par exemple :

« Mousquetaire, ayant costume de mousquetaire, connaissant bien métier de mousquetaire, cherche place de mousquetaire. »

Théophraste Renaudot était continuellement à l'affût de nouvelles sensationnelles pour les publier dans son journal. Aussi se frottait-il les mains à l'idée du magnifique article qu'il allait pouvoir écrire sur les démêlés de la Montespan avec le frère du Roi.

Il courut à la cabine téléphonique la plus proche afin de prier le secrétaire de rédaction de lui réserver quatre colonnes à la une et une colonne de retourne à la cinq.

CHAPITRE XV

LE MYSTÉRIEUX VOYAGEUR

Dans une rue étroite de la ville basse, à Châlons-sur-Marne (Loir-et-Cher), s'élevait un édifice vénérable, à pignon aigu, orné de six fenêtres triangulaires et d'un balcon horizontal décoré de guirlandes en papier mâché et de festons dorés sur tranche qui donnaient à cet immeuble rustique un aspect moyenâgeux du plus pur style Louis-Philippe.

Cette maison portait l'enseigne de l'*Hostellerie du Dindon à roulettes*.

Le tenancier s'appelait Norbert Amidon et sa femme, née Moustachu, se prénommait Adélaïde-Joséphine. Les Amidon, pour le moment, n'avaient qu'un seul voyageur.

C'était un homme de quatre-vingts ans à peine, beau, pas très grand mais assez gros, parfois gai, souvent mélancolique, qui louchait de gauche à droite les jours pairs et de droite à gauche les jours impairs.

Il était vêtu d'un habit d'alpaga beige avec des garnitures d'organdi rose; un col en celluloïd bleu, blanc, rouge, simple comme celui des troglodytes de l'Antiquité, faisait ressortir avec bonheur la teinte mate et fine de son double menton orné d'une petite barbiche en forme de palmier renversé.

Ce gentilhomme, arrivé seul le matin précédent, avait loué sans hésitation l'appartement le plus important de l'établissement.

— Veuillez remplir la fiche, s'il vous plaît? avait demandé Norbert Amidon.

L'homme avait froncé les sourcils qu'il avait beaux comme les dessous de bras d'un enfant de troupe.

— Est-ce bien nécessaire?

— Indispensable, Monseigneur; les gendarmes l'exigent.

Alors, gêné, l'inconnu avait écrit sur la feuille qu'on lui tendait les indications que voici :

Nom et prénoms : Schrtschmnwzl Grsrsck Kchtchtch; *né* à Wzszrtqds (Mnkstzglie orientale); *profession :* marchand de canons ambulant; *venant de* Rambouillet, *allant à* Yokohama.

L'hôtelier avait hoché la tête, qu'il avait laide comme celle d'un pont suspendu :

— Je vois ce que c'est : Monseigneur est étranger!

L'homme avait eu un pâle sourire :

— On ne peut rien vous cacher!

Et il était monté dans sa chambre, après avoir vidé dans la main de son hôte une bourse qui contenait trois louis doubles, six boutons de culotte et un bâton de réglisse.

Depuis, on ne l'avait point revu.

— Tout de même, Norbert, s'écria Adélaïde-Joséphine, on pourrait peut-être aller voir ce qu'il fabrique.

— Il n'a pas sonné!

— C'est justement ce qui m'inquiète. Depuis vingt-quatre heures qu'il est ici, il n'a ni bu ni mangé, ça n'est pas normal.

A ce moment un timbre résonna.

— Oh! tressaillit la femme de l'aubergiste, enfin, le voilà qui appelle.

— J'y vais, répliqua son mari.

Et il monta l'escalier quatre à quatre, à califourchon sur la rampe et les doigts dans le nez.

Il frappa à la porte, entra et se trouva en présence de Schrtschmnwzl, emmitouflé dans un pyjama en poil de phoque du plus gracieux effet.

— Vous désirez, Monseigneur?

— Apportez-moi le Bottin des départements, un siphon d'eau chaude, un dé à coudre, un cornet à pistons, un sandwich à la purée de pois cassés et un bocal à poisson rouge.

— Vous faites la course au trésor, Monseigneur?

— Non, c'est simplement pour mon petit déjeuner.

(A suivre à la sauvette)

Reproduction interdite par téléphone et à la machine à écrire.

LA VIE ROMANCÉE D'ÉVARISTE MALFROQUET (18)

RÉSUMÉ. — *Voici le résumé dessiné des illustrations des chapitres précédents :*

CHAPITRE XV

LE MYSTÉRIEUX VOYAGEUR *(suite)*

L'hôtelier sursauta :

— Vous allez manger tout ça, Monseigneur?

— En voilà une question, évidemment. Il est bien tendre, au moins, votre Bottin des départements?

— Oh! Monseigneur, c'est la dernière édition, mais je vous conseillerais plutôt, néanmoins, le supplément de l'annuaire des téléphones...

— C'est long à préparer?

— Dix minutes, comme toutes les grillades. Je puis le garnir de fixe-chaussettes à l'italienne, à moins que vous ne préfériez des jarretelles à la Béchamel.

— Non, mettez-moi des pattes de bretelles au gratin.

— Bien, Monseigneur... Et comme boisson?

— Rien.

— Je préviens Monseigneur que les repas sans boisson, c'est quinze sols de plus.

— Alors, comme je ne veux pas payer de supplément, apportez une demi-bouteille d'épingles à linge cru 1703.

— Entendu, Monseigneur!

Chapitre XVI

LE MESSAGER DU GRAND-PÈRE

La bagarre entre les gardes du cardinal et les agents-miradors royaux s'étant terminée avant l'arrivée des chevaliers du guet alertés par l'homme-sandwich, ceux-ci n'eurent pas à intervenir.

Louis XIV, le chevalier de Lorraine et Évariste Malfroquet profitèrent de cette accalmie pour s'esquiver.

— Je rentre au Louvre, fit le roi. Venez, chevalier, et toi aussi, Malfroquet!

— A vos ordres, Sire! répondirent les deux hommes en claquant tellement fort les talons que le bruit se répandit bientôt dans Paris que deux bombes avaient explosé dans les parages de la rue de Rivoli.

Mais ceci est une autre histoire, comme disent ceux qui aiment à citer Kipling...

Le Roi-Soleil n'était pas encore tout à fait dégrisé, ses compagnons non plus. Ils marchaient à quatre pattes, bras dessus bras dessous, les pieds dans la main et la main dans les pieds.

Et ils chantaient à tue-tête :

Ah! les chaises et les ardoises,
Les bains que nous avons vus,
Ah! les chaises et les ardoises,
Nous ne les boirons plus...

C'est en cet équipage qu'ils se présentèrent tous les trois aux guichets du palais.

— C'est encore moi! fit Louis XIV à la sentinelle...

Et d'ajouter finement :

— C' qu'on rigole, quand on est de sortie... T'as pas vu la mère Montespan?

— Ah! riposta le factionnaire, j'osais pas vous en parler, Majesté, mais puisque Votre Majesté m'en cause, alors, j'peux bien en causer... Elle en fait de belles, la marquise, pendant votre absence.

Le roi eut un haut-le-corps qui fit tomber Malfroquet sur le chevalier de Lorraine :

— Qu'est-ce qu'elle a fait?

— Elle a giflé Monsieur.

— Monsieur qui?

— Ben! Monsieur Monsieur!

— Ah! mon frangin cadet?

— Oui, Sire... Même que le père Théophraste Renaudot est en train de préparer une édition spéciale de sa *Gazette*...

— Nom d'un chien! Faut empêcher qu'elle sorte...

Et Louis XIV, subitement pressé, s'élança dans la cour du Louvre au triple galop...

Toujours à quatre pattes, naturellement.

Le chevalier de Lorraine et Évariste Malfroquet tentèrent vainement de le suivre. Le souverain avait déjà disparu qu'ils étaient encore à plat ventre sous le porche.

Mais un individu qui rôdait autour d'un bec de gaz à quelques mètres de là s'approcha soudain du plombier-zingueur.

Se mettant lui aussi à quatre pattes, il lui souffla dans l'oreille :

— Messire Évariste Malfroquet?

— Soi-même, personnellement... Que désirez-vous?

— On m'a chargé de vous dire que votre grand-père vous attend à *l'Hostellerie du Dindon à roulettes*, à Châlons-sur-Marne.

— Qui est mon grand-père? balbutia Évariste, bouleversé.

— Le mari de votre grand-mère... Allez-y sans perdre une seconde... La diligence part à 7 h 15 du matin. Une fois là-bas, vous demanderez M. Schrtschmnwzl Grsrsck Kchtchtch...

— A vos souhaits!

(A suivre dans les deux sens)

Reproduction interdite après dix heures du soir.

LA VIE ROMANCÉE D'ÉVARISTE MALFROQUET (19)

RÉSUMÉ. — *Louis XIV, Louis XIV, Louis XIV... Malfroquet, Malfroquet, Malfroquet... Montespan, Montespan, Montespan... Fouquet, Louvois, Colbert... Colbert, Fouquet, Louvois... Louvois, Colbert, Fouquet... Montespan, Montespan, Montespan... Louis XIV, Louis XIV, Louis XIV... Malfroquet, Malfroquet, Malfroquet...*

CHAPITRE XVI

LE MESSAGER DU GRAND-PÈRE *(suite)*

— Merci.
— Y a pas de quoi!
— Serviteur quand même.
— Pas tant que moi!
— Alors, vous irez?
— Où ça?
— A Châlons-sur-Marne?
— Bien sûr, répliqua Évariste Malfroquet en faisant des moulinets avec sa casquette, bien sûr. Seulement jamais je ne me rappellerai le nom de mon grand-père, c'est tellement difficile à prononcer.
— Peu importe... Vous demanderez n'importe qui et l'aubergiste comprendra. C'est un type très bien, il joue du jiu-jitsu, parle couramment l'harmonica, danse l'espéranto et manie les claquettes comme pas un... C'est vous dire s'il a l'esprit ouvert.

— En effet, mais vous-même, qui êtes-vous?
— Je suis Lebrun.
— Albert?
— Non... Charles Lebrun, premier peintre du Roi.
— Alors, on est collègues, tous deux, puisque je suis, moi, premier plombier-zingueur de Sa Majesté.
— Hé oui! c'est pourquoi j'ai bien voulu me charger de la commission de votre grand-père : entre gens du même bord, pas vrai, on s'entraide, mais pourquoi diable marchez-vous à quatre pattes?
— Parce que je n'en ai que quatre, en voilà une question! Vous venez à Châlons avec moi?
— Impossible, mon cher, la Montespan m'a mandé chez elle, elle veut que je fasse le portrait en pied de son genou droit.
— Si c'est réussi, vous m'en tirerez une douzaine.
— Entendu!

Chapitre XVII

AGLAÉ TRIBOUILLARD

Il y avait peu de monde au départ de la diligence de 7 h 15. Le postillon, naturellement, et quatre voyageurs : un vieillard à la mine renfrognée, un représentant en piles de pont, un homme à l'accent étranger et une jeune fille timide et belle qui tricotait un plumeau, histoire de passer le temps.

Évariste, qui ne marchait plus à quatre pattes, s'installa confortablement sur les genoux du vieillard.

— C'est bien la diligence de Châlons-sur-Marne? demanda-t-il.

— Oui, monsieur, répondit la jeune fille timide, je m'appelle Aglaé Tribouillard, j'ai dix-huit ans et demi, je suis souffleuse de beignets aux pommes et j'habite La Ferté-sous-Jouarre. Et vous?

— Évariste Malfroquet, plombier-zingueur du Roi, j'ai eu les oreillons à 13 ans, la rougeole à 14 et mon premier gilet de flanelle à 16 ans et 3 mois, je me rase avec des lames à trous, je change de chaussettes tous les huit jours et j'ai du bon tabac dans ma tabatière.

La glace était rompue et la conversation se poursuivit sur le ton badin qui convenait aux circonstances, c'est-à-dire à tue-tête et en roulant les « r ».

On causa d'abord de la pluie, puis du beau temps, ensuite de la vie chère.

Après quoi, on entama le chapitre des arts et de la littérature. La France de Louis XIV, expliqua Malfroquet, est comme qui dirait l'héritière de la Grèce ancienne et de l'Italie de la Renaissance.

— Oh! oui, riposta la jolie voyageuse, la splendeur de l'esprit français est tout à l'honneur de la nation, qui produit tant de grands hommes. Vous allez au cinéma quelquefois?

— De temps en temps.

— Avez-vous vu Mme de Sévigné dans *les Cinq sols de Lavarède?*

— Oui, c'est une vamp formidable. Le scénario est de Fénelon, je crois?

— Le dialogue est de Bossuet et les gags sont de Molière. C'est Corneille qui a fait les lyrics.

L'étranger, qui n'avait encore rien dit, s'écria tout à coup :

— It's too hot to sleep!

Évariste sursauta :

— Qu'est-ce qu'il raconte?

La jeune fille esquissa un geste vague :

— Je ne comprends pas très bien l'espagnol, mais je crois qu'il a dit en italien, avec un fort accent polonais :

« Mein Bruder ist wenig zu Hause gewesen. »

— Et qu'est-ce que ça veut dire en français?

— Les carottes ne sont pas si cuites qu'elles en ont l'air.

— Miséricorde! haleta Évariste au comble de l'émotion.

(A suivre tout bonnement)

Reproduction interdite à Bécon-les-Bruyères et aux îles de la Sonde.

LA VIE ROMANCÉE D'ÉVARISTE MALFROQUET (20)

RÉSUMÉ. — *Le résumé de cette semaine n'étant pas dans la note habituelle du journal, nous nous voyons dans la pénible obligation de le balancer dans la corbeille à papiers. Ceux de nos lecteurs qui n'auraient pas le courage de se faire une raison sont instamment priés de s'engager dans l'Armée du Salut.*

CHAPITRE XVII

AGLAÉ TRIBOUILLARD *(suite)*

Mais l'étranger le rassura en lui disant, en français cette fois :

— Le fond de l'air est frais, ce matin; n'empêche qu'on est encore mieux ici que dans le garde-manger d'un cannibale.

— A qui le dites-vous! soupira Évariste Malfroquet en chatouillant machinalement le genou gauche du vieillard sur lequel il était assis.

— Hi! hi! fit le vieillard, hi! hi!

Le rire est contagieux. Il n'en fallut pas davantage pour provoquer une hilarité générale. Aglaé Tribouillard se tordait, le représentant en piles de pont se gondolait et le monsieur à l'accent étranger s'en tapait sur les cuisses à un rythme de plus en plus accéléré. Le plombier-zingueur, lui, se tire-bouchonnait comme une anguille dans la poêle à frire. Quant au postillon, il était plié en deux sur son siège.

Seuls, les chevaux de la diligence conservaient leur sérieux, mais tout juste.

C'est à ce moment qu'un coup de feu retentit. Les voyageurs sursautèrent en riant de plus belle.

— Qui a tiré? s'esclaffa Aglaé.

— C'est pas moi! gloussa le vieillard.

Mais Évariste Malfroquet, tout en riant à gorge déployée, avait froncé les sourcils :

— Je crois bien, pouffa-t-il, qu'on est en train d'attaquer la diligence!

Chapitre XVIII

BANDITS DE GRAND CHEMIN

Notre héros ne se trompait pas. Cinq bandits masqués, dont trois des pieds à la tête et deux de la tête aux pieds, entouraient le véhicule, menaçant de leurs tromblons l'infortuné postillon qui, en dépit de son émotion, continuait à se tordre comme une baleine de parapluie à qui un manche d'ombrelle raconterait une histoire drôle à l'issue d'un gueuleton à tout casser.

— Haut les mains! susurra le chef des brigands en appuyant le canon de son fusil sur le gros orteil gauche du malheureux cocher.

Ce dernier obéit.

— Messeigneurs, balbutia-t-il en rigolant furieusement, ayez pitié... Ne m'esbaudissez pas!

Sans répondre, les malandrins ouvrirent la portière de la diligence.

— Terminus! hurla l'un d'eux, tout le monde descend!

Mais personne ne bougea. Les voyageurs et la

voyageuse, dont l'hilarité redoublait, étaient incapables du moindre mouvement.

Le chef des brigands s'impatienta :

— Allons, descendez, ou je vous transforme en chair à pâté pour sandwiches au rabais.

Évariste faillit s'étrangler net, cependant qu'Aglaé Tribouillard, malade de rire, étouffait littéralement et que les trois autres faisaient entendre des « hi! hi! » et des « oh! oh! » à en donner le phylloxéra à un œuf dur mayonnaise ou la scarlatine à une timbale d'anchois.

Les bandits masqués n'avaient jamais vu ça!

C'était bien la première fois qu'ils rencontraient des victimes pareilles.

— Ils se payent notre fiole! grogna le chef en se tournant vers ses acolytes.

— Tuons-en un pour leur apprendre à vivre, chef!

— Lequel!

— L'homme à la casquette, par exemple!

— Excellente idée! répliqua l'autre et, épaulant son tromblon, il mit notre héros en joue et, visant au nombril, pressa sur la détente.

On entendit un maigre déclic rappelant à peine le bruit que fait une lime à ongles quand on la trempe dans un bol de café au lait.

— Par les cornes de la chèvre de M. Seguin! jura le chef des malandrins, mon arme s'est enrayée!

Évariste Malfroquet, au comble de la joie, poussa un hurlement d'hilarité. Puis, ayant brusquement recouvré son sang-froid, il se calma soudain.

— Et alors, demanda-t-il, qu'y a-t-il pour votre service, messieurs? Sans doute faites-vous de la diligence-stop? En ce cas, je vous préviens charitablement qu'il n'y a pas une place disponible à l'intérieur du véhicule. Constatez vous-même que je suis assis — très commodément d'ailleurs — sur un distingué vieillard.

— Trêve de facéties! riposta le capitaine des

brigands, je ne vous demande pas s'il y a du mou dans la corde à nœuds ou des épinards dans le spider de l'ascenseur... Donnez-moi l'argent que vous avez sur vous, ainsi que vos bijoux et vos pattes de bretelles.

— Et si nous refusons?

— Nous vous ferons passer immédiatement le goût de l'entrecôte Bercy et celui de la truite au bleu!

— Prenez garde, je suis le plombier-zingueur du roi et Sa Majesté vous fera pendre haut et court en place de Grève ou à la tour de Nesle...

(A suivre avec angoisse)

Reproduction interdite à moins de cinquante mètres des agglomérations.

LA ROMAN VIÉCÉE D'EFROQUET MALVARISTE (21)

RÉSUMÉ. — *Évamiste Raflroquet, zonguier-plinreur du Boi, a montespé Mme de Roncentran, qui l'a charlé de voger l'Énit de Dantes dans le balavò du catilet de boinette du Soi-Roleil au verteau de Chasailles. La machounation échie et notre inforturos héné est convopère par son grand-qué à Châmons-sur-Larne. Des malangences attaquent la dilidrine...*

CHAPITRE XVIII

BANDITS DE GRAND CHEMIN *(suite)*

Le chef des bandits grimaça :

— Vous êtes un vil cataplasme!

Malfroquet eut un haut-le-corps perpendiculaire :

— Un cataplasme, moi? Je suis un cataplasme! Répétez-le un peu pour voir.

— Parfaitement, vous n'êtes qu'un sale cataplasme sinapisé!

— Insolent!... Vous me rendrez raison de cette injure... Je vais vous envoyer mes témoins.

— D'accord, le duel aura lieu tout de suite...

— En tant qu'offensé, j'ai le choix des armes?

— Naturellement. Pistolet? Épée? Annuaire des téléphones? Cuiller à moutarde? Pertuisane? Sabre de marine? Bilboquet? Catapulte?

— Non, je choisis la fourche...

— Bien, allons tout de suite sur le terrain... Et toi,

Cartouchon, cours chercher deux fourches à la ferme voisine...

— Bien, chef!

Chapitre XIX

TERRIBLE COMBAT

La troupe de brigands et les voyageurs de la diligence s'étaient transportés dans une clairière des environs. C'est là que le duel allait avoir lieu.

Aglaé Tribouillard, toujours excessivement timide, s'était hissée sur les épaules d'un des bandits afin de mieux contempler la rencontre. Les autres voyageurs et les autres bandits, plus audacieux, se cachèrent derrière les arbres.

Évariste et Francinet — tel était le nom du terrible brigand — se postèrent l'un en face de l'autre, fourche en main et à quatre mètres de distance.

— Qui dirige le combat? questionna le plombier-zingueur.

— Personne, il se dirigera bien tout seul.

— Bon, fit Évariste, allons-y.

Et il pointa sa fourche... Francinet recula de cinquante mètres, sans doute pour prendre son élan, cependant que Malfroquet, faisant brusquement demi-tour, opérait une retraite stratégique et allait se poster cent mètres en arrière.

— Ksss! ksss! ksss! hurlait Aglaé en arrachant les cheveux du malandrin sur lequel elle était juchée. Bisque, bisque, rage, t'auras du fromage, mords-le, Évariste, mords-le!

Les deux antagonistes — si éloignés l'un de l'autre qu'ils s'apercevaient à peine — brandissaient furieusement leurs fourches au grand dam des sauterelles du voisinage qui, terrorisées, couraient se réfugier à toute vitesse dans les Alpes dauphinoises.

Tout à coup, Évariste Malfroquet s'élança au triple galop vers son ennemi cependant que celui-ci démarrait lui aussi au pas de polka.

— Une, deux... une, deux... une, deux! hurlait Aglaé Tribouillard au comble de l'enthousiasme.

Les duellistes allaient fatalement se rencontrer, s'affronter et se massacrer. Mais il n'en fut rien, car Évariste obliqua à gauche et Francinet dérapa dans l'autre sens, de sorte qu'ils passèrent à trente-cinq mètres l'un de l'autre sans pouvoir se toucher.

Un second assaut ne fut pas plus heureux.

— On n'en finira jamais! bougonna Malfroquet. Et mon grand-père qui m'attend, là-bas, à Châlons-sur-Marne!

Le troisième s'avéra tout aussi infructueux que les précédents.

— Au point où nous en sommes, gronda le plombier-zingueur, on ferait mieux de terminer le duel par correspondance.

Et, mettant ses mains en porte-voix, sans lâcher sa fourche, il fit part de la suggestion à son adversaire.

— D'accord, riposta celui-ci, écrivez-moi poste restante à La Varenne-Saint-Hilaire.

— Et moi à *l'Hostellerie du Dindon à roulettes,* Châlons-sur-Marne.

— Continuera-t-on à se battre à coups de fourche?

— Non, à coups de lettre chargée. Mais je vous préviens que je me défendrai jusqu'à la mort.

— Et moi jusqu'à la semaine prochaine!

Sur ce, lâchant sa fourche, le chef des brigands siffla entre ses doigts pour rassembler ses hommes, ce qui provoqua instantanément la chute d'Aglaé Tribouillard jetée violemment à terre par le malotru qui la tenait sur ses épaules.

Évariste arriva juste à temps pour la ramasser.

— Vous ne vous êtes pas fait mal au moins, s'inquiéta-t-il.

— Oh! minauda timidement la jeune fille, c'est pas de la soupe c'est du rata.

— Je vous l'accorde, protesta Malfroquet, mais si vous n'aimez pas ça, n'en dégoûtez pas les autres.

— Bien sûr! convint Aglaé Tribouillard.

Puis, joignant les mains paume à paume :

— Monsieur Malfroquet, s'extasia-t-elle, vous avez été magnifique de courage, de bravoure, d'audace et de témérité. Avez-vous déjà mangé du pâté d'alouette?

— Pourquoi me demandez-vous ça?

— Parce que j'ai un pâté d'alouette dans mon sac à main et je voudrais vous l'offrir en témoignage de mon admiration.

(A suivre quatre à quatre)

Reprotertion inducdite à tous les joursaux du noir, y compris « l'Intransisoir » et « Paris-geant ».

LA VIE ROMANCÉE D'ÉVARISTE MALFROQUET (22)

RÉSUMÉ. — *Mi ré mi do si sol fa mi... Fa dièze sol fa sol si bémol... Si do ré do si do ré la fa mi... Sol sol sol sol si bémol!... Do la ré do? Fa fa fa, sol la sol, fa la sol sol fa! (Pas trop vite et bien rythmé.)*

CHAPITRE XIX

TERRIBLE COMBAT *(suite)*

— Oh! Mademoiselle Aglaé, soupira le plombier-zingueur avec une émotion si violente que ses lacets de chaussures en craquèrent, vous feriez cela pour moi, vous me donneriez votre pâté d'alouette?

— Voui.

— C'est donc que vous m'aimez?

La jeune fille timide rougit jusqu'aux orteils :

— Heu..., balbutia-t-elle, je... je ne sais pas... Mais, en tout cas, ce que je puis vous dire, c'est que je n'aime pas le pâté d'alouette.

Fou de joie, bien qu'il n'y eût vraiment pas de quoi l'être, Évariste Malfroquet exécuta douze sauts périlleux, huit pirouettes, deux cent trente-sept entrechats, quatorze bonds de côté, vingt-huit en avant, cinquante-six en arrière et sept cent quarante-six la tête en bas, d'un pied sur l'autre, jambes croisées et mains en l'air.

Après quoi, tous les voyageurs remontèrent dans la

diligence et fouette postillon, cahin-caha, hue dia, hop là!

CHAPITRE XX

COMPLICATIONS INTERNATIONALES

Louis XIV, en regagnant à quatre pattes ses appartements, avait rencontré Colbert qui l'attendait pour prendre ses ordres au sujet d'une réception devant avoir lieu le lendemain matin.

— Sire! dit le ministre en s'inclinant, y a de l'eau dans le gaz!

Le Roi-Soleil se mit debout tant bien que mal et considéra son interlocuteur d'un œil angoissé :

— Je devine ce qui se passe, monsieur Colbert, c'est à cause de la Montespan qui a giflé mon frère, n'est-ce pas?

— Non, c'est plus grave encore... Il s'agit de la n'Hollande.

— La n'Hollande?

— Oui! Guillaume d'Orange a ouvert les écluses, le pays est sous l'eau et nos armées ne peuvent plus avancer.

— Qu'elles apprennent à nager!

— Bien, Sire, je vais télégraphier vos ordres à M. de Turenne.

— Oui, mais ne gaspillez pas les finances de la France, ça coûte cher les télégrammes, envoyez-en un de quinze mots maximum.

— Un télégramme à prix réduit, entendu, Sire! Maintenant, je voudrais vous parler d'autre chose. C'est au sujet de la réception de demain... A quelle heure Votre Majesté veut-elle recevoir l'ambassadeur de la République du Libéria?

— De bon matin.

— C'est-à-dire à midi un quart?

— Mettons midi et demi... Et que me veut-il l'ambassadeur du Libéria?

— Il veut proposer à Votre Majesté un pacte secret entre la France et son pays.

— Et quelle serait la portée de ce pacte secret, monsieur Colbert?

— Ben, voilà... Au cas où le fils du roi de Bélouchistan viendrait à attraper les oreillons, la France et le Libéria s'engageraient à prendre à leur charge les frais pharmaceutiques.

Louis XIV sursauta :

— Et ça monterait à combien, cette petite plaisanterie?

— Dans les trois livres et six sols, soit 48 pelos pour le Libéria et huit ronds et demi pour nous.

— Ouais... Je vous voir venir, monsieur Colbert, va encore falloir doubler les impôts.

— Évidemment, Sire, mais que Votre Majesté se rassure, y aura un petit quelque chose pour Elle!

— Alors, comme ça, d'accord, mon cher... Et où en est l'affaire de la succession d'Espagne?

— Ça va plutôt mal, Sire.

— Les Espagnols auraient-ils eux aussi ouvert leurs écluses?

— Non, mais ils démolissent nos montagnes à la frontière.

Le monarque pâlit :

— Il n'y a plus de Pyrénées?

— Presque plus, Sire.

— Alors, nous sommes fichus?

— Non, mais faut faire gaffe, Sire!

A ce moment, le pas d'une robe et le frôlement d'une femme bruirent dans l'antichambre voisine.

— Paix, paix, balbutia Louis XIV, v'là du monde!

La porte s'ouvrit et Mme de Montespan apparut,

belle comme une pâquerette un soir d'éclipse à Yokohama.

— Vous! fit le roi.

— Totorze, mon p'tit Totorze, minauda le marquise en s'élançant dans les bras royaux.

Mais le souverain fit un bond de côté et la malheureuse aristocrate s'abîma sur le plancher en poussant un juron lamentable mais sonore.

— Arrière, coquine! hurla le Roi-Soleil, arrière... Je sais tout... Malfroquet a avoué... De plus, vous avez souffleté mon frangin...

La Montespan, fière et méprisante, se releva dignement :

— Puisque Votre Majesté le prend ainsi, siffla-t-elle, je vais voir ailleurs si les nénuphars ont du poil aux pattes!

Et elle s'esquiva prestement en glissant sur la pointe des genoux...

— Marquise, appela Louis XIV, hé, marquise!

(A suivre comme on pourra)

Reproduction interdite à la pâte à polycopier.

LA VIE ROMANCÉE D'ÉVARISTE MALFROQUET (23)

RÉSUMÉ. — *Un et un deux, deux et deux quatre, quatre et quatre huit, huit et huit seize... Trois fois sept vingt et un, trois fois quatre douze... Huit moins six deux, deux plus six huit... Une, deux... Une, deux!...*

CHAPITRE XX

COMPLICATIONS INTERNATIONALES
(suite)

Mme de Montespan se retourna avant de sortir :

— Vous m'avez insulté, Sire... Je suis fâchée pour huit jours...

— Alors, quand reviendrez-vous? sanglota Louis XIV.

— Dans un quart d'heure!

— Ah! soupira le roi, vous êtes cruelle, marquise... Comment pourrais-je vivre si longtemps sans vous?

Mais la Montespan, impitoyable, claqua la porte du vestibule et disparut.

CHAPITRE XXI

UNE RÉVÉLATION SINGULIÈRE

Il était midi moins le quart à l'horloge observante du parloir, quand Évariste Malfroquet franchit le seuil de *l'Hostellerie du Dindon à roulettes* de Châlons-sur-Marne.

— Vous désirez? demanda l'aubergiste.

Le plombier-zingueur, se rappelant les recommandations du messager de la cour du Louvre, répliqua sans hésiter :

— Je voudrais voir n'importe qui!

— Bien, monsieur... Et qui dois-je annoncer?

— N'importe qui!

— Entendu... Et le motif de la visite?

— N'importe quoi.

— Veuillez vous asseoir un instant sur la lessiveuse, je vais prévenir mon locataire.

Évariste, fatigué par son voyage en diligence, se laissa tomber sur la lessiveuse. Il ouvrit un journal qui traînait sur la table. C'était la *Gazette* de Théophraste Renaudot.

— Tiens! s'exclama-t-il, la Montespan a giflé Monsieur! Eh ben, pour du beau scandale c'est du beau scandale...

Mais l'aubergiste redescendait :

— Mon client vous prie d'attendre une dizaine de minutes... Il est en train de raser sa brosse à dents, dès qu'il aura fini, il vous appellera!

— Bon, fit Évariste, alors donnez-moi de quoi écrire, s'il vous plaît!

— Voici, monsieur, répondit l'hôtelier en lui tendant une ardoise et un morceau de craie.

Notre héros fronça les sourcils :

— C'est du papier que je veux et une plume!

— Ah! excusez-moi, monsieur.

Et l'aubergiste apporta un sous-main, du papier à lettre, des enveloppes, un encrier, une plume d'oie et un buvard.

— Parfait, murmura Évariste Malfroquet, je vais pouvoir continuer mon duel par correspondance ainsi qu'il en a été convenu avec le chef des malandrins.

Et il se mit à écrire :

Chef des bandits, poste restante,
La Varenne-Saint-Hilaire

Môssieu!

Conformément à notre désaccord, je vous adresse ci-joint un coup de fourche dans l'épigastre et un autre dans l'abdomen. Veuillez m'en accuser réception par retour du courrier.

Je ne vous salue pas.

ÉVARISTE MALFROQUET.

Ayant cacheté l'enveloppe, il la remit à l'aubergiste :

— Faites porter ce pli, je vous prie, au bureau de poste le plus proche.

— Bien, monsieur.

A ce moment, une voix tonitruante et nasillarde retentit en haut de l'escalier :

— Polo, polo, polo, polo, polo!... Hé oh! hé oh! hé oh!... Polo, polo, polo, polo!

Le plombier-zingueur se dressa :

— C'est mon grand-père qui m'appelle!

Et il se précipita vers l'escalier qu'il grimpa huit à huit. Sur le palier, un vieillard en pyjama rose et vert, coiffé d'une perruque à pois blancs, était en train de faire les pieds au mur.

C'était le mystérieux voyageur qui, quelques jours plus tôt, avait inscrit sur la fiche de police ce nom aussi bizarre qu'étrange : Schrtschmnwzl Grsrsck Kchtchtch.

— Eh bien, voyons, grand-père, balbutia Évariste, en voilà une tenue!

Le vieillard tourna la tête, sans cesser de faire les pieds au mur :

— Mon enfant, tu me dois le respect, je te dispense de tes réflexions désobligeantes à mon égard. Ma tenue vaut bien celle du roi Dagobert qui avait mis sa culotte à l'envers et à qui le bon saint Éloi demandait de la remettre à l'endroit...

— Ça, j'en conviens, grand-père.

— D'ailleurs, si, à mon âge, je puis faire les pieds au mur, c'est bien grâce aux sels Cruchon, mais nous ne sommes pas ici pour faire de la publicité... Si je t'ai convoqué, Évariste, c'est que j'ai une grave révélation à te faire...

— Ah! sursauta le plombier-zingueur, de quoi s'agit-il?

— Ta mère n'était pas ton père et ton oncle n'est pas ta nièce.

Évariste pâlit de la tête aux pieds :

— Oh! sanglota-t-il, c'est affreux... Vous êtes sûr de ce que vous dites?

— Absolument.

— Des preuves, je veux des preuves!

(À suivre au petit bonheur)

Tous droits réservés pour la télévision, la décalcomanie, la mise en bouteille et le cinéma ambulant.

LA VIE ROMANCÉE D'ÉVARISTE MALFROQUET (24)

RÉSUMÉ. — *Le manque de place ne nous permet pas de publier intégralement le résumé de cette semaine et nous met dans la pénible obligation d'insérer seulement un résumé de ce résumé. Le voici : « Et patati et patata ».*

CHAPITRE XXI

UNE RÉVÉLATION SINGULIÈRE *(suite)*

Le grand-père Malfroquet, renonçant à faire les pieds au mur, pirouetta sur lui-même, se mit debout et secoua la tête :

— Ah! mon pauvre Évariste, des preuves, j'en ai à revendre... Écoute-moi bien... Comment s'appelait ta mère?

— Églantine.

— Est-ce qu'elle se serait appelée ainsi si elle avait été ton père? Est-ce qu'elle aurait porté des jupes? Un corset? Des bigoudis?

Le plombier-zingueur était accablé :

— Non, évidemment, non.

— Et ton oncle? Comment serait-il ta nièce? As-tu déjà vu des nièces avec de grandes barbes blanches comme la sienne?

— Non, évidemment, non.

Évariste éclata en sanglots déchirants

— Miséricorde! que vais-je devenir? Je suis déshonoré... Ah! grand-père, grand-père, il eût mieux valu ne point me révéler ce terrible secret... Je n'oserai plus, désormais, me présenter devant celle que j'aime et que je comptais épouser.

— Qui?

— Aglaé Tribouillard une belle et timide jeune fille, fraîche comme un hareng saur en bas âge, que j'ai rencontrée hier sur la banquette arrière de la diligence.

Profondément ému par cette douleur résignée, le vieillard appela une servante qui passait.

— Apportez-moi un plumeau et de la paille de fer, que j'essuie les larmes de ce pauvre petit!

Chapitre XXII

CHEZ LA REINE-MÈRE

Ce soir-là, la reine-mère était dans sa chambre à coucher au Palais-Royal avec Mme de Motteville et une cartomancienne célèbre, la señora Rebelota.

Curieuse chambre, en vérité, que celle de la mère du Roi. Le lit à baldaquin ressemblait assez fidèlement à une baraque foraine à demi démontée. Au mur, une superbe photographie agrandie de feu Sa Majesté Louis XIII en costume d'allumeur de réverbères. Au plafond, un écriteau encadré portant cette inscription en lettres d'or : « Pas un mot à la reine-mère, S.V.P.! »

Une table en marbre, un tabouret de piano, un canapé, un porte-parapluies et une caisse à savon complétaient le luxueux ameublement d'Anne d'Autriche.

Il y avait aussi, au milieu de la pièce, une enclume du XIIe siècle et une cloche à fromage de l'époque mérovingienne.

Anne d'Autriche, assise à califourchon sur cette cloche à fromage, se faisait tirer les cartes par la señora Rebelota, cependant que Mme de Motteville, perchée sur l'enclume, tricotait paisiblement un fixe-chaussettes de cérémonie qu'elle destinait à son jeune cousin, le vicomte de Bragelonne, présentement aide-comptable à la Société de Distribution de Moules à Gaufre de la région parisienne.

La reine-mère soupira bruyamment :

— Alors, Rebelota, tu crois qu'un homme de loi me veut du bien?

— Oui, Votre Majesté... L'as de pique est retourné et le valet de carreau a les doigts dans le nez... C'est clair comme du jus de boudin...

— Et qui est cet homme de loi, d'après toi?

— Le surintendant Fouquet.

Anne d'Autriche pâlit brusquement et se renversa sur la cloche à fromage avec tous les symptômes d'une pâmoison soudaine.

— Un setier de rouquin! clama-t-elle, un setier de rouquin ou je meurs!

Mme de Motteville lâcha son tricot et, sans hâter sa marche, alla se mettre à quatre pattes sous le lit à baldaquin d'où elle tira une bouteille à demi remplie. Puis elle ouvrit la caisse à savon, y prit un verre en cristal épais et, y ayant versé du vin rouge, le tendit à bout de bras :

— Que Votre Majesté se jette cela derrière le soutien-gorge! fit-elle respectueusement.

Anne d'Autriche avala le liquide d'un seul trait, respira frénétiquement à plusieurs reprises et murmura :

— Ça fait du bien par où ça passe!

— Votre Majesté se sent mieux? interrogea la Rebelota.

— Oui, continue tes révélations...

— Une, deux, trois, quatre, cinq... Dame de trèfle... Une grande dame... Six, quatre, trois, deux...

Roi de cœur... Elle tourne autour de votre fils... Quinze, douze, vingt-huit, trente-quatre... Neuf de pique... Elle souhaite une maladie à Votre Majesté... Trente-six, quarante, treize, onze... As de carreau... C'est la scarlatine...

— Rebelota! supplia la reine-mère, dis-moi le nom de cette intrigante!

— Je n'ose l'avouer à Votre Majesté...

— Je te l'ordonne!

— Eh bien! c'est Mme la marquise de Montespan!

— Oh! fit Anne d'Autriche en tombant de nouveau à la renverse sur sa cloche à fromage.

(A suivre subito presto)

Reproduction rigoureusement interdite dans le quartier des Batignolles et le long du canal Saint-Martin.

Il y a loin de la coupe aux lèvres, mais il n'y a pas loin de 400 km de Paris à Clermont-Ferrand.

On peut recevoir un mauvais gauche tout en étant dans son bon droit.

ERRATUM

Dans notre prochain feuilleton de *La Vie romancée d'Évariste Malfroquet,* par Paul Ravebavoux.

Au lieu de :

« Et elle se dirigea vers le potiron à étincelles. »

Il faudra lire :

« Et elle se dirigea vers le lit à baldaquin. »

A l'avance, nous nous excusons de cette malencontreuse coquille.

Si la France n'était pas ce qu'elle est — c'est-à-dire la France — tous les Français seraient des étrangers.

C'est une erreur de croire qu'il y a un rapport quelconque entre une mère de famille nombreuse et une machine à polycopier.

AVIS

On nous communique que le cirque de Gavarnie sera demain à Pavillons-sous-Bois et mardi à Quimper.

CONSEILS DU CAMPEUR :

LE COUCHAGE

Nombreux sont les campeurs qui redoutent l'inconfort et regrettent de n'avoir pas, outre le matelas pneumatique, un système pour pouvoir dormir à leur aise. Ces campeurs ne sont pas doués d'imagination. Il est pourtant si simple de prendre son propre lit et de le mettre en portefeuille afin de l'emporter aisément.

LES RECETTES DE TANTE ABRI :

LE CHEVAL A L'ORANGE

Vous prenez un cheval; vous le hachez finement; placez ensuite votre hachis sur un lit de camp d'abord, puis sur un lit de courgettes préalablement décotinisées; versez du jus d'orange dans la proportion d'un verre à madère pour dix kilos de cheval; liez la sauce obtenue avec du bolduc ou du fil fouet; ornez avec de la tranche napolitaine garnie de pommes au lard; servez comme vous pourrez et à la température ambiante.

Ce n'est pas bon, mais ça bourre.

LA VIE ROMANCÉE D'ÉVARISTE MALFROQUET (25)

RÉSUMÉ. — *Les voyageurs pour Asnières, Vladivostok, Longjumeau, Patte-sur-Bretelle, Chandernagor, Amélie-les-Bains, Puteaux et Bourg-la-Reine, en voiture!... Pigalle, changement de section... Billets, siouplaît... Dix minutes d'arrêt, buffet... Terminus!*

CHAPITRE XXII

CHEZ LA REINE-MÈRE *(suite)*

— Il va falloir lui redonner un setier de rouquin! grommela Mme de Motteville.

Et elle se dirigea vers le potiron à étincelles (1) pour y reprendre la bouteille de vin rouge.

Sous l'influence du bienveillant liquide, la reine-mère recouvra sa lucidité et serra les poings avec une minuscule clef anglaise que lui tendit sa dame de compagnie.

— Ah! ah! ricana-t-elle, la marquise de Montespan complote contre son roi... Eh bien! à nous deux, marquise!

Et elle tomba les quatre fers en l'air, car la cloche à fromage venait de se briser en plus de mille morceaux...

(1) Voir l'erratum publié dans notre précédent feuilleton.

Chapitre XXIII

TRAGÉDIE CORNÉLIENNE

Évariste Malfroquet, encore sous le coup des terribles révélations que venait de lui faire son grand-père, reprenait peu à peu son sang-froid.

Mais il était accablé.

— Je vais écrire au roi, dit-il.

— Pourquoi? s'étonna le vieillard.

— Pour lui donner ma démission de plombier-zingueur...

— Tu es fou?

— Non... Un homme dont la mère n'est pas son père et dont l'oncle n'est pas sa nièce ne peut plus servir à la cour du Roi-Soleil.

— Réfléchis... Que deviendras-tu?

— Bah! j'ouvrirai un petit commerce de marchand de vélocipèdes à moteur...

— Tu as des économies?

— Non, mais j'ai une superbe collection de pois cassés, je la revendrai et la somme ainsi récupérée me permettra de me retourner. Au revoir, grand-père!

— Où vas-tu?

— A la Ferté-sous-Jouarre... C'est là qu'habite Aglaé Tribouillard, celle que j'aime et que je désire épouser si, toutefois, elle veut encore de moi après le grand malheur qui vient de m'arriver.

— Et ton duel avec le chef des malandrins?

— Je lui expédierai un télégramme pour lui annoncer que je le considère comme grièvement blessé à l'oreille droite et que par conséquent le combat est terminé et l'honneur est sauf.

— C'est une solution comme une autre, mon enfant.

— Et puis...

— Quoi encore?

— Je vais aussi écrire — par lettre expresse — à M. Paul Ravebavoux ou à une personne à son service.

La réponse était tellement inattendue que le vieillard eut un haut-le-corps qui le fit basculer par-dessus la rampe de l'escalier et le précipita à l'étage inférieur où il se fracassa le crâne sur la mosaïque du vestibule.

Évariste, affolé, poussa un hurlement :

— Grand-père! grand-père!

Et, ayant descendu à toute allure les marches de l'escalier, il se pencha sur le malheureux. Celui-ci agonisait :

— Je vais trépasser, mon enfant,.. Vite, avant que je meure, dis-moi dans quel but tu veux écrire à M. Paul Ravebavoux...

— Pour lui signifier que j'en ai assez de faire le pitre dans son feuilleton à la gomme et que j'entends ne plus avoir rien de commun avec la Montespan, l'édit de Nantes, Fouquet, Colbert, le chevalier de Lorraine et toute la bande... Qu'il s'arrange, M. Paul Ravebavoux... Moi, je veux vivre en paix désormais, dorénavant et jusqu'à plus ample informé...

— Tu as raison, mon neveu.

Malfroquet sursauta :

— Ton neveu? Je ne suis donc pas ton petit-fils...

— Hélas! je te dois un ultime aveu, Évariste... Je... Je suis ta grand-tante...

Et le moribond rendit le dernier soupir tandis que notre héros, abasourdi, avalait distraitement son épingle de cravate et les six boutons qui maintenaient ses bretelles dans le temps et dans l'espace.

Louis XIV mourut le 1er septembre 1715, après un règne de soixante-douze ans. Remplacé par un nommé Louis XV, il cessa de manifester son activité tout aussitôt. Louis XV, d'ailleurs, céda lui-même la place à un certain Louis XVI, qui vivrait peut-être encore si on n'avait pas commis l'imprudence de le décapiter...

Et c'est après la disparition de celui-ci que la France connut bien des péripéties, beaucoup trop longues à raconter en détail, mais qui aboutirent finalement à la réélection de M. Albert Lebrun à la présidence de la République.

Quant à Évariste Malfroquet, il épousa Aglaé Tribouillard, vécut heureux et eut trois enfants, dont un aîné de dix-sept ans, une cadette de quatorze ans et une quintuplée de trois mois et demi.

FIN

(A ne plus suivre)

Reproduction interdite pendant les mois sans « r ».

INTERMÈDE

APPEL AUX HOMMES DE BONNE VOLONTÉ

Au lendemain du début de la seconde quinzaine du mois d'août, j'ai pensé que le moment était venu de lancer cet appel aux hommes de bonne volonté, qui, leur bonne volonté aidant, comprendront immédiatement de quoi il s'agit avant même que je l'explique.

Cet appel, je ne le lance pas à la légère; je l'ai médité longuement et minutieusement dans le silence de l'armoire à linge où j'aime à m'isoler pour mettre au point les grandes idées qui doivent faire leur chemin sur la route nationale de l'avenir de l'humanité.

Entendons-nous bien : il ne s'agit point, en l'occurrence, d'un appel banal et moyen; d'un de ces petits appels de confection comme il en existe malheureusement trop et qui sont à la portée de n'importe quel démagogue en rupture de lymphatisme glandulaire.

Non, le présent appel est un appel classique, de large envolée et d'atterrissage impeccable, comparable en tous points aux appels antiques dont il existe encore quelques rares exemplaires dans nos musées nationaux et dans les bonnes maisons d'instruments aratoires.

Les sentiments qui ont milité en faveur de l'élaboration dudit appel appartiennent à la catégorie des sentiments généraux dont la profondeur n'a d'égale que la surface qui en est l'aboutissement légal et naturel.

Car, ne nous y trompons pas; un appel n'atteint son but que s'il est bien parti : en avons-nous connu de ces appels mort-nés, brisés à la base : tout est affaire d'élaboration, d'intuition, d'improvisation raisonnée en quelque sorte.

Certains esprits insincères et malsains ne vont pas manquer de s'étonner du flou de mon appel. « Hé, quoi! vont-ils s'écrier, à quoi tend-il cet appel et quelle est sa destination? » A ces critiques venimeuses, je me contenterai de répondre en ne disant rien, me bornant à hausser les narines à la hauteur des circonstances.

Je n'adresse cet appel qu'à tous ceux dont la subtilité cérébrale est suffisante pour que leurs antennes saisissent les atomes à leur sortie même du cocon évasif de la spiritualité relative. Ceux-là se lèveront comme un seul homme en lisant ces lignes et me suivront aveuglément là où ils savent que je les mènerai dans l'intérêt de leurs aspirations. Le salut de ce qui ne va pas exige une discipline joyeusement et honorablement consentie dans le cadre élargi des libertés constructives et bénévolement résolutoires.

Que ceux qui ne veulent pas entendre la parole de la sagesse se ligaturent les orteils en signe de protestation, je n'y vois pas le moindre inconvénient; cet appel aura la répercussion qu'il mérite, je n'en ai pas le moindre doute et le résultat qui en sera la conséquence sera à l'échelle des vœux de tous ceux qui ont conservé, au fond d'eux-mêmes, l'espoir noble et généreux de voir un jour triompher une cause qui, pour ne pas être la leur, ne s'en rapproche pas moins par plus d'un côté arbitraire.

PIERRE DAC

L'INUTILITÉ DES NOMBRES

Les nombres sont inutiles! C'est tout au moins mon absolue conviction, laquelle est basée sur une certitude solidement étayée sur le terre-plein de ma longue expérience. Remarquez que je n'insinue pas, j'affirme; et j'affirme parce que je suis certain de ce que j'avance, comme disait le caissier qui donnait un acompte à un employé désireux de ne pas attendre la fin du mois pour toucher quelque chose.

J'entends d'ici les ricanements sceptiques qui vont accueillir cette déclaration. Ça ne me trouble pas! Les théories d'Einstein, de Galilée, de Copernic, de Ladoumègue ont connu le même destin; ça ne les a pas empêchés de faire leur chemin dans le monde et de révolutionner l'industrie des brise-bise et du caoutchouc manufacturé.

Donc, j'affirme que les nombres sont inutiles : oui, c'est entendu, je ne sais pas ce que je dis, je raconte n'importe quoi sans réfléchir aux conséquences; n'empêche que s'il n'y avait pas de nombres, l'existence serait considérablement simplifiée et ramenée à l'état édénique du paradis terrestre.

Supprimez les nombres et, du même coup, vous supprimez tous les éléments de rapports, de comparaison, de relativité et d'appréciation. De ce fait, l'évaluation de ce qui est grand, petit, riche, pauvre, long ou large devient positivement impossible et l'humanité se fond en un bloc compact et égal d'où l'envie et la jalousie se trouvent automatiquement bannies.

J'espère, chers lecteurs, que vous saisissez mon raisonnement, ou alors c'est que vous y mettez une évidente mauvaise volonté.

Mais, ne vont pas manquer de me dire les scientifiques, les nombres sont indispensables. A quoi? leur répondrai-je. Mais, me répondront-ils, par exemple, à préciser la distance qui sépare la Terre de la Lune... Et qu'est-ce que vous voulez que ça me fasse, à moi, la distance qui sépare la Terre de la

Lune; d'autant plus que cette distance varie suivant le point de départ du calcul : de Villeneuve-Saint-Georges à la Lune, la distance n'est évidemment pas la même que de Singapour. Alors, qu'on me laisse tranquille avec la soi-disant infaillibilité des mathématiques.

On me dira aussi qu'en supprimant les nombres, on détruit par la même occasion la faculté de compter et de chiffrer l'argent. Quelle importance ça peut-il bien avoir étant donné l'appauvrissement progressif et constant des individus. Tout le monde se plaint de ne plus avoir le sou; alors, s'il n'y a plus de sous, ce n'est pas parce qu'il n'y aura plus de nombres que ça les fera revenir. C'est clair.

Croyez-moi, du jour où les nombres auront disparu de la circulation, nous vivrons heureux : nous ne saurons plus si nous sommes jeunes ou vieux, près ou loin, présents ou absents, et nous considérerons alors les événements suivant notre angle personnel dans une atmosphère régénérée sans plus nous soucier des choses que le cow-boy qui prend des mouches au lasso se soucie de l'humanité préétablie et de la pluralité des mondes.

PIERRE DAC

MESSIEURS DU DICTIONNAIRE UN PEU DE TACT, S.V.P.

J'aime à feuilleter le dictionnaire, surtout le jeudi matin, entre 8 heures et 10 heures, qui est, à mon avis, le meilleur moment pour ce genre de besogne. Je pensais que ceux qui ont la charge de cette rédaction encyclopédique étaient des personnages d'une honorabilité parfaite; je me trompais lourdement.

Je relève dans le Nouveau Petit Larousse illustré, au nom de Thomas Edison, les indications suivantes : Édison (on') Thomas, physicien américain inventeur de nombreux appareils électriques, notamment de la lampe à incandescence. Il a fabriqué le premier phonographe. **On lui doit aussi un accumulateur.**

Vous avez bien lu : on lui doit aussi un accumulateur; ce qui laisse nettement supposer qu'on lui doit encore, et outre cela, un tas d'autres choses; voilà donc un homme, bienfaiteur de l'humanité, que ses débiteurs ont laissé mourir sans lui payer ce qu'ils lui devaient; c'est déjà suffisamment honteux comme ça; mais qu'on l'écrive en toutes lettres dans les dictionnaires en ayant l'air d'ironiser, ça dépasse les bornes! Si les milieux scientifiques continuent à faire la sourde oreille nous nous cotiserons entre nous pour régler au plus vite aux descendants du grand savant le montant de cet accumulateur demeuré malhonnêtement impayé.

Et qu'on rectifie le dictionnaire; sans quoi nous le rectifierons nous-mêmes, et sans en demander l'autorisation.

PIERRE DAC

PETITES ANNONCES

DEMANDES D'EMPLOI

● **Charbonnier** ayant idées noires cherche place blanchisseur.

● Monsieur presbyte cherche dame myope pour échange de vues.

OFFRES D'EMPLOI

● **On demande** géant pas trop grand pour doubler nain pas trop petit. Débutant s'abstenir.

● **Lycéen** cherche blanchisseuse habile pour l'aider à repasser ses leçons.

● **Boucherie chevaline** recherche chevaux désespérés. Ne pas écrire, se présenter.

● **On cherche** deux hommes de paille, un grand et un petit, pour tirage au sort.

AVIS

● **Prière** à la personne qui est partie dans auto avec fanion blanc à croix rouge, après avoir amorti la chute de mon pot de fleurs, me le rapporter. Je ne porterai pas plainte.

COURS ET LEÇONS

● **Apprenez à apprendre** seul et sans maître les langues étrangères. Leçons par professeur diplômé.

● **DAME** suisse allemande enseignerait le russe à petite fille anglaise ou petit garçon espagnol.

DIVERS

● **Ne confiez vos secrets** qu'à un spécialiste. Discrétion simple, le secret : 1,25 francs. Discrétion garantie : 20 francs. Discrétion d'honneur : 50 francs.

● **Poète pauvre** demande rimes riches.

● Monsieur ayant gros chagrin achèterait console.

● **Vous** qui voulez gagner beaucoup d'argent, vous n'êtes pas le seul, moi aussi. Achetez donc mon livre : « Pour réussir » : 40 francs.

● **Lot** de chaussures : Charles IX : 15 francs. Charles X : 16 francs. 1 franc par Charles supplémentaire.

DIALOGUE EN FORME DE BON SENS

L'UN. — Beau temps, monsieur.
L'AUTRE. — Beuh!
L'UN. — Il ne fait pas beau?
L'AUTRE. — Si.
L'UN. — Alors, pourquoi faites-vous : « Beuh! »?
L'AUTRE. — C'est un mot de saison.
L'UN. — Ah! bon!
L'AUTRE. — Et, de surcroît, c'est un mot de famille...
L'UN. — Ah! Ah!
L'AUTRE. — ... qui m'a été légué par mon arrière-grand-père dont la noble ascendance est particulièrement respectable, puisqu'il a eu un ancêtre à Bouvines, et un autre à bout de souffle.
L'UN. — En effet, c'est une raison.
L'AUTRE. — Alors, n'est-ce pas, par tradition et par respect des ancêtres, j'en suis le dépositaire légal.
L'UN, ému. — Excusez-moi, je ne savais pas.
L'AUTRE. — Remettez-vous; le pardon est à la grandeur d'âme ce que la carpette en raphia des Cévennes est au tapis persan.
L'UN. — Heureux de vous l'entendre dire!
L'AUTRE. — Vous êtes bien aimable!
L'UN. — Non, non! je vous le dis comme je le pense!
L'AUTRE. — Et moi je l'entends comme je l'écoute!
L'UN. — Quand même... beau temps, monsieur!
L'AUTRE. — Bah!
L'UN. — Vous ne trouvez pas qu'il fait beau temps!
L'AUTRE. — Si.
L'UN. — Alors pourquoi faites-vous : « Bah! »?
L'AUTRE. — Parce que je suis fatigué de faire « Beuh! ».
L'UN. — C'est une raison valable.
L'AUTRE. — Je ne vous le fais pas dire!

L'Un. — Non... d'autant que je peux le dire tout seul.
L'Autre. — C'est d'une logique imperturbable!
L'Un. — Je m'excuse de vous demander pardon, monsieur, mais je vous prie, vous avez l'heure?
L'Autre. — Oui, monsieur, j'ai l'heure.
L'Un. — Merci beaucoup.
L'Autre. — De rien.
L'Un. — Mais j'y pense tout soudain, si vous avez l'heure, peut-être accepteriez-vous de me la donner?
L'Autre. — Avec plaisir.
L'Un. — Alors, s'il vous plaît, quelle heure est-il?
L'Autre. — Moins dix.
L'Un. — Moins dix de quoi?
L'Autre. — Je ne sais pas, j'ai perdu la petite aiguille.
L'Un. — Oui... enfin, de toute manière, dans 10 minutes, ce sera l'heure juste!
L'Autre. — Exactement.
L'Un. — Alors, c'est le principal.
L'Autre. — Ben voyons! Faut tout de même pas demander l'impossible.
L'Un. — Ni exiger plus que ce qu'on ne peut pas avoir en moins.
L'Autre. — Compliments, monsieur, voilà qui est d'une irréfutable logique.
L'Un. — Il faut vous dire que j'ai de qui tenir.
L'Autre. — Ah! oui?
L'Un. — Oui... j'ai un beau-frère qui est gardien de jour dans une boîte de nuit.
L'Autre. — En effet... mais je ne vois pas le rapport.
L'Un. — Y en a pas, monsieur, mais enfin il faut bien parler de quelque chose, sans quoi il n'y aurait pas de conversation possible!
L'Autre. — Bien sûr! d'autant que quelque chose, ce n'est pas incompatible avec n'importe quoi, et que n'importe quoi, c'est tout de même mieux que rien!
L'Un. — C'est le bon sens même!
L'Autre. — Ben voyons! dites-moi, monsieur, à propos, et par association d'idées, vous avez des enfants?
L'Un. — Oui, monsieur, j'en ai un... ou plutôt une.
L'Autre. — Une fille?
L'Un. — Oui... une fille cadette.
L'Autre. — Ah!... vous n'avez pas de fille aînée?

L'UN. — Non.

L'AUTRE. — Vous avez bien raison! Pour ce que ça sert! ça fait des frais, ça encrasse la baignoire!

L'UN. — Forcément! ah! en vérité, monsieur, je n'ai pas besoin de vous dire que nous vivons dans une curieuse époque!

L'AUTRE. — Alors, si vous n'avez pas besoin de le dire, pourquoi le dites-vous?

L'UN. — Pour que vous n'ayez pas à me reprocher de ne pas vous avoir dit ce qu'il était inutile que je vous dise!

L'AUTRE. — Dont acte. Dites-moi, monsieur, toujours par association d'idées, vous avez une voiture?

L'UN. — Oui, monsieur.

L'AUTRE. — Qu'est-ce que c'est comme marque?

L'UN. — Ce n'est pas une marque, c'est un prototype!

L'AUTRE. — Il en faut, monsieur.

L'UN. — Bien sûr! sans quoi y en aurait pas! A la vérité, c'est un ancien cinq tonnes bâché, qu'un ingénieur bricoleur de mes amis a transformé en cabriolet monoplace! C'est très joli, très profilé, très racé!

L'AUTRE. — Je vois... et il y a combien de places?

L'UN. — Six.

L'AUTRE. — Six? mais vous venez de dire que c'est un cabriolet et monoplace?

L'UN. — Oui.

L'AUTRE. — Alors comment expliquez-vous ça?

L'UN. — Je n'explique rien, c'est comme ça, et c'est à prendre ou à laisser!

L'AUTRE. — Bon, bon! et ça tient bien la route?

L'UN. — Si ça tient bien la... pensez monsieur, ça prend les virages en ligne droite!

L'AUTRE. — Merveilleux! ça consomme beaucoup?

L'UN. — Non, du 7 litres aux 100.

L'AUTRE. — En effet, c'est peu.

L'UN. — Du 7 litres d'huile naturellement, parce que, pour ce qui est de l'essence, il vaut mieux parler d'autre chose!

L'AUTRE. — Détail sans importance... et ça va vite?

L'UN. — 195 à l'heure!

L'AUTRE. — 195 à l'heure! oh! là, là! 195 à l'heure, c'est trop vite!

L'UN. — Vous n'êtes pas obligé de rouler pendant une heure!

L'AUTRE. — C'est vrai! excusez-moi! Où avais-je la tête!

L'UN. — Un peu de logique, que diable! Faut réfléchir avant de penser!

L'AUTRE. — Eh bien! monsieur, je suis ravi de cette conversation, et je souhaite vivement qu'une prochaine occasion permette de la reprendre!

L'UN. — Moi aussi, monsieur, et peut-être pourrions-nous profiter de cette rencontre fortuite pour prendre tout de suite un prochain rendez-vous?

L'AUTRE. — Tout à fait d'accord, monsieur, prenons donc rendez-vous... alors... voyons, quand voulez-vous?

L'UN. — Quand vous voudrez.

L'AUTRE. — Parfait... et où?

L'UN. — Où vous voudrez.

L'AUTRE. — Très bien... et à quelle heure?

L'UN. — Votre heure sera la mienne.

L'AUTRE. — J'y serai, monsieur.

L'UN. — Moi aussi.

L'AUTRE. — Au revoir, monsieur.

L'UN. — Au revoir, et à bientôt.

PIERRE DAC

POURQUOI VOS CHAUSSURES S'USENT-ELLES?

Parce que vous les portez aux pieds. Portez-les à la main, elles dureront indéfiniment.

●

ET ALORS?

On monte à des milliers de mètres au-dessus de la terre.

On descend à des centaines de mètres sous la terre.

Mais personne n'a jamais fait seulement 1,75 m à gauche ou à droite de la terre.

Si c'est ça qu'on appelle le progrès, qu'on nous laisse rigoler tout notre aise jusqu'à ce que ça ne nous amuse plus!

L'EAU BOUILLANTE EST-ELLE MOINS BOUILLANTE EN HIVER QU'EN ÉTÉ?

Cette question nous est posée par M. Mohammed Gaétan Flouguinax, l'honorable chef ressemeleur de la Société « L'Eau de Seltz Républicaine ».

Nous avons le regret d'informer son auteur que cette question est non seulement dénuée d'intérêt, mais encore complètement ridicule.

Naturellement, l'eau bouillante l'est moins en hiver; autrement, à quoi servirait le froid; par contre, elle l'est beaucoup plus en été, ce qui établit une juste compensation.

Nous demandons instamment aux chefs d'entreprise de vouloir bien ne pas nous déranger avec de pareilles insanités. Nous avons mieux à faire et notre temps nous est d'autant plus précieux que, lorsque nous ne savons comment l'employer, nous en disposons en conséquence pour combler les lacunes des intervalles résultant des contretemps.

•

DE MON JARDIN...

LES FRAISES

Voici la saison des fraises. Mais, hélas! elles sont souvent mal tolérées par certaines personnes à qui elles donnent de l'urticaire. N'hésitez donc pas à employer le petit truc suivant pour éviter de semblables accidents. Au lieu de fraises, mangez des prunes, c'est aussi bon au goût et ça ne nuit pas à la santé du corps.

LE DROIT AU RÊVE

Dans je ne sais plus au juste quel chapitre du « *De Cinglus Illustribus* » il est écrit : « Si on ne peut pas faire ce qu'on veut chez les autres, il n'y a qu'à rester chez soi. » Rarement paroles plus profondes ont été offertes à la méditation des hommes ; mais il en est de la méditation comme de toutes choses en ce bas monde : pour qu'elle atteigne son but, il ne faut pas qu'elle soit stérile : *sic vos à mœlle non vobis urbi et orbi persona grata, qualis pater, talis filius quod œrat demonstrandum,* comme disent les danseurs mondains.

Or, de méditation en méditation, d'interférence en coupe-circuit, j'en suis arrivé à cette conclusion : « S'il est bon de ne rien dire avant de parler il est encore plus utile de réfléchir avant de penser. »

Oui, je sais : *intra muros in partibus,* m'objecteront les incrédules, mais ça ne changera pas mes convictions, ça ne m'empêchera nullement de dire ce que je veux dire, ni de réclamer ce que je juge indispensable à la civilisation et utile à l'esprit de l'homme, c'est-à-dire le « Droit au Rêve ».

Cela peut paraître puéril et peu en rapport avec le rythme de la vie moderne ; c'est possible, cependant ma foi est absolue et je répondrai à ceux qui me diront que tout le monde a droit au rêve, qu'il n'est pas suffisant d'avoir ce droit, mais qu'il faut avoir la possibilité de l'exercer. Et, incontestablement, nous n'avons pas présentement cette possibilité : officiellement, du moins, et c'est là où je veux en venir.

Il est utile, il est urgent que les pouvoirs publics prennent leurs responsabilités et nous donnent, à bref délai, les moyens de rêver tranquillement à toute heure du jour et sous la protection avisée de la force armée.

En l'état actuel des choses, il est interdit à un citoyen digne de ce nom de rêver à sa convenance ; il doit, s'il veut le faire, se cacher, se terrer même ; cela n'est pas digne d'un pays libre; ça doit changer et ça changera : nous voulons pouvoir rêver à notre guise et nous y arriverons.

Est-il donc impossible, par exemple, qu'une ordonnance de police dise que le mardi de 18 heures à 18 h 30 on pourra rêver boulevard Haussmann? Il n'y aurait qu'à suspendre toute circulation et les gardiens de la paix veilleraient jalousement sur ce rêve en commun. Chacun s'isolerait dans son rêve familier et particulier, et contravention serait impitoyablement dressée à tous ceux qui refuseraient de rêver.

La demi-heure écoulée, les pompiers sonneraient la fin du rêve et nous reprendrions alors avec courage, calme et sérénité, le cours de nos occupations, lénifiés et ragaillardis par ces quelques instants passés au pays des chimères et des contes bleus.

J'insiste donc pour que la demi-heure de rêve quotidien soit créée, il y va de notre salut, de notre équilibre et de notre santé morale. *Ipso facto, ne varietur fluctuat in extenso.*

J'ose espérer que mon appel sera entendu et que, reconnu d'utilité publique, le rêve fera bientôt partie intégrante de nos mœurs, au même titre que le chapeau Cronstadt et le buffet Henri II à crémaillère.

Et *sic transit*, comme disent les entrepreneurs de transports internationaux.

PIERRE DAC

LA LOCOMOTIVE

La locomotive (de l'esquimau « locom » qui veut dire Encrier, et du spartiate « otive » qui signifie Comment allez-vous?) est un ovipare rottulidémastophore de la famille des rhamnacées et cousin par alliance de l'illixanthine.

La locomotive se nourrit exclusivement d'une matière charbonneuse nommée communément « charbon » et qui croît en abondance le long des voies de chemins de fer. Elle s'abreuve d'énormes quantités d'eau, ce qui dénote de sa part un robuste tempérament. La Science, en effet, n'a jamais constaté de cas de typhoïde chez cet animal.

Les hommes l'apprivoisent assez facilement. Il n'est pas rare de voir un ou plusieurs individus en faire leur monture favorite. Elle se laisse mener, si l'on peut ainsi dire, par le bout du nez, avec une docilité qui peut étonner le profane.

Les compagnies de chemins de fer, ayant remarqué que les locomotives se promènent de préférence sur les voies, ont su utiliser cette prédilection en leur attachant à la queue une file de wagons dans lesquels peuvent prendre place des passagers, ou même, à la rigueur, des bestiaux ou des marchandises.

Ceci, d'ailleurs, n'est pas pour déplaire à cet intelligent animal qui, dès qu'il se sent lié à un convoi, pousse un cri de joie et file à toute vitesse, droit devant lui.

Ce mastodonte n'a peur de rien. Cela se conçoit facilement, étant donné la force dont il est doué, et sa taille gigantesque. Néanmoins, il craint beaucoup le rouge, et, au contraire du taureau, reste figé sur place dès qu'il aperçoit un feu ou un disque de cette couleur.

Les locomotives vivent en troupeaux. Il n'est pas rare d'en rencontrer, paissant paisiblement aux abords des grandes gares. Les Compagnies, avec une charmante gentillesse dont les amis des bêtes leur sauront gré, loin de les chasser, ont fait aménager à l'intention de ces animaux des bâtiments où ils peuvent gîter. On peut les contempler, réunis en cercle autour d'une sorte de table appelée « plaque tournante » et se reposant de leurs courses éperdues, en fumant de grosses pipes qui leur poussent sur le haut du front et qu'elles ne laissent jamais éteindre.

Les locomotives, dès l'enfance, sont utilisées dans les gares où, pour leur donner le goût du travail, on leur fait remorquer les chariots à bagages. Plus tard, on leur confie les trains de banlieue, puis les rapides. Devenue vieille, la locomotive, à l'instar de l'éléphant, se cache pour mourir. Il n'a été donné que très rarement, à des explorateurs tenaces, l'occasion de découvrir, dans des endroits impossibles, des cimetières de locomotives. Ce qui dénote, de la part de cet animal, une discrétion digne de tous les éloges.

Professeur Picq

A LA FIN DU COMPTE HOMÈRE A-T-IL, OUI OU NON, EXISTÉ?

« Oui », répondent ceux qui croient qu'il a existé.

« Non », affirment ceux qui ne le croient pas.

Nous pensons que ces déclarations sont amplement suffisantes pour que chacun puisse se faire une opinion sans qu'il nous soit nécessaire d'apporter notre arbitrage, d'autant plus que nous en manquons actuellement.

LE CHERCHEUR D'OR

Il avait réussi à se faire embaucher dans l'équipe des chercheurs d'or. Son travail consistait, non pas à extraire l'or du sol, mais à déceler l'endroit où le précieux métal pouvait se trouver. Le reste du travail étant fait par des terrassiers. Il était en somme sourcier d'or, ce qui était une bonne place où il pouvait avoir facilement le filon.

Mais il était trop consciencieux, cela devait lui jouer un mauvais tour.

Un jour, il trouva véritablement de l'or. On vint constater la chose. Et n'ayant plus besoin de lui, l'administration le congédia. Il se retrouva sans travail, du jour au lendemain. Parce qu'il avait trouvé de l'or.

Et depuis, pour manger, il cherche de l'argent.

ROBERT ROCCA

AVIS

L'emploi de la sciure dans la sauce Béchamel et des pavés gras dans le consommé aux escarpins est interdit jusqu'à nouvel ordre. Toutefois la sciure pourra être remplacée par le fromage râpé pour le saupoudrage des parquets humides. De même, l'utilisation des pavés gras dans la bouillabaisse reste autorisée jusqu'à l'extinction des feux, mais dans le département des Basses-Pyrénées exclusivement.

PETITES ANNONCES

OFFRES D'EMPLOI

• **On demande** étalon fougueux, entreprenant et d'esprit facétieux pour égayer et distraire, par ses nombreuses et brillantes saillies, juments moroses et nostalgiques.

• **On demande** personne ne s'étonnant de rien pour représentation difficile.

• **On demande** jeune fille présentée par ses parents pour scier du bois.

• **Confrère** demande âme sœur.

• **Chambertin** bien velouté, cherche gosier en pente pour faire de la luge.

ÉCHANGES

• **Musicien** échangerait pour l'été trompette ardente contre clavecin bien tempéré.

• **Caméléon** domestique au bord de la dépression nerveuse échangerait d'urgence coussin écossais contre coussin teinte neutre.

LOCATIONS

• **A louer** mur mitoyen, en bon état.

DIVERS

• **Soupers de réveillon** livrés à domicile, complets avec foie et oie. Par personne : 80 francs. Le même sans foie ni l'oie : 1,95 francs.

• **Boules de neige.** La douzaine : 0,75 francs. Les mêmes, en bois, pour jouer au croquet : 6,25 francs. En fonte pour haltérophiles : 35,40 francs.

• **Télé-objectif** spécial, recommandé spécialement pour photos de parents éloignés : 136,80 francs.

• **Le téléphone** ne vous coûtera rien, avec notre nouvel appareil ne donnant que des numéros pas libres.

PERDUS - TROUVÉS

• **On a trouvé** objet perdu. Le réclamer à qui de droit.

OUI OU NON!

J'ai beaucoup de respect pour les philosophes et la philosophie, mais à mon avis ni eux ni elle ne valent un bon plat de pommes de terre en knickerbocker (nom donné à la tenue de ville des pommes de terre en robe de chambre).

Vous me direz que la philosophie n'a aucun rapport avec la pomme de terre; peut-être, encore que ce ne soit pas prouvé, mais la question n'est pas là et nul ne peut me contester le droit d'avoir une préférence.

C'est que, depuis le temps que j'étudie les choses, j'ai fini par conclure que tout ce qu'ont dit ou écrit les philosophes ne prouvait absolument rien et que toutes les histoires de concept, de nalité, de causalité, de canalisation, d'armature et de produits manufacturés, ne reposaient en définitive que sur la base limoneuse d'une vanité fragile.

La synthèse du monde peut se résumer en ces deux mots : oui ou non. Voilà la vérité, spirituelle et temporelle, objective; hors de ces deux mots, rien n'existe; ils représentent tout et rien, rien et tout et les deux à la fois, séparément, ou simultanément.

Toute la destinée du monde a été, est et demeurera tributaire de ces deux petits mots.

Ainsi, voilà des années que, à chaque fin de mois, il me manque un ou deux millions pour faire l'appoint et mensuellement la même cérémonie se renouvelle : je vais trouver un des gérants de la Banque de France et lui demande de me les prêter : invariablement il me répond non; je ne me décourage pas; qui sait si un jour il ne me répondra pas oui? La face de mon existence en sera du coup complètement modifiée. Et n'en est-il pas ainsi pour tout le reste? Je pense que tout le mal provient de ce que nous attachons beaucoup trop d'importance à oui et à non et que nous leur accordons une puissance qu'ils ne possèdent qu'en raison de notre esprit de fétichisme. Lorsque d'un commun accord nous aurons décidé de n'attribuer à oui et non qu'un sens unique et nettement relatif, tout s'améliorera comme par enchantement, car on ne saura plus exactement chaque fois qu'on dira oui, si ce oui n'a pas été pris dans le sens de non par l'interlocuteur, ou si en disant non ce non n'aura pas été enregistré dans le sens affirmatif. Alors, naturellement, on y regardera à deux fois avant de s'embarquer à la légère dans des aventures dont l'issue sera plus que douteuse.

C'est la sagesse même qui parle par la bouche de mon porte-plume. Remarquez qu'il n'y a qu'en France qu'on se sert du oui et du non; c'est toujours la même chose, nous sommes une fois de plus à la traîne; à l'étranger, il y a longtemps qu'on a compris : en Angleterre on dit : « Yes ou no »; en Allemagne : « Ya ou nein », etc., etc.; il n'y a guère qu'en Italie qu'on mélange le tout pour des besoins particuliers et irrédentistes; mais nulle part, ailleurs qu'en France, on ne dit oui ou non.

Alors, est-ce une preuve que tout cela? est-il besoin d'en dire davantage pour démontrer l'action néfaste de ces deux mots?

Alors, qu'est-ce qu'on attend pour les supprimer?

J'adresse l'appel le plus pressant à tous ceux qui sont de mon avis pour fonder au plus tôt une ligue antiouinon. C'est nécessaire et urgent, et comme de toute manière, ça ne dépassera pas pour le moment quatre litres et demi de cylindrée, personne ne risque rien à apporter son adhésion. Hommes libres, je compte sur vous comme le ministre des Finances compte sur ses doigts. La porte est ouverte sur l'escalier de la raison : profitons-en avant qu'on ne la referme, car, comme le disait si justement Copernic : « L'homme qui habite le rez-de-chaussée doit être autant à la hauteur de sa tâche que la locataire du sixième étage. »

PIERRE DAC.

MOTS CROISÉS

HORIZONTALEMENT. — 1. Ville de Chaldée. — 2. Fin de participe. — 3. Autre ville de Chaldée. — 4. Commencement de participe. — 5. Phonétiquement : salsifis frit. — 6. Milieu de participe. — 7. Fleuve auvergnat du XIVe siècle. — 8. Locution latine signifiant : le saxophone de mon beau-frère est branché sur le secteur.

VERTICALEMENT. — 1. Volatile quadrupède lamellibranche du genre fada. — 2. En arabe : choux de Bruxelles. — 3. Sorte de boudin sauvage originaire des Alpes. — 4. Symbole chimique, physique et moral. — 5. Participe légèrement passé. — 6. Thémistocle en avait. — 7. Commencement d'un proverbe lapon. — 8. Roi de Trèfle (1478-1537).

EN BIAIS. — 1. Ancienne ville du Calcanéum. — 2. Sorte de pipe à deux tranchants. — 3. Variété d'anchois. — 4. Espèce d'idiot. — 5. Bougre d'âne. — 6. Vieille noix. — 7. Passoire sans trous utilisée en Synovie. — 8. Oui, en dialecte pronominal.

N.B. La grille de ce mot croisé est en vente dans toutes les bonnes quincailleries.

UNE INCOMPRÉHENSIBLE LACUNE :

POURQUOI NE PEUT-ON JAMAIS PRENDRE DE JOUR UN AUTOBUS DE NUIT?

Nous attendons courtoisement, mais fermement que la S.T.C.R.P. réponde, à bref délai, à notre question.

Il est, en effet, inadmissible que les seuls noctambules soient admis à bénéficier des autobus de nuit, alors que des milliers de braves gens, du fait qu'ils rentrent sagement chez eux, leur travail quotidien accompli, en sont systématiquement privés.

L'ère des privilèges a vécu et nous sommes persuadé qu'il nous aura suffi de poser cette question pour la résoudre.

LE MANÈGE DES GIGOTS FROIDS

Si vous organisez une fête champêtre ou toute garden-party du même tissu, n'oubliez pas le manège de gigots froids qui fera la joie des grands, des petits et des indécis.

Voici la méthode pratique d'installation.

Au centre d'une pelouse vous plantez un mât de 3 mètres de hauteur environ, mais ayant 135 de large; à son extrémité vous vissez sur un pivot une roue de locomotive haut le pied aux rayons de laquelle, vous attachez, à l'aide de morceaux de ficelle, une demi-douzaine de gigots froids. Votre manège est alors prêt à fonctionner.

Vous n'avez plus qu'à enfourcher joyeusement les gigots et à tourner jusqu'à ce que ça ne vous amuse plus.

PETIT COURRIER

La désolée du labyrinthe. — Mariée depuis sept ans et six mois à un sergent d'infanterie coloniale, ayant hérité d'une pendule ancienne, mais cassée, et teinturière moi-même en dépit d'une jeunesse studieuse, je ne m'alimente que très légèrement au déjeuner et au dîner; donc à heures fixes, sur les conseils de mon médecin, homme charmant et déjà grisonnant qui tient de son père un joli talent d'amateur de girolles.

Et cependant, j'engraisse sans cesse, même aux heures creuses de la journée. Sauvez-moi, j'attends votre aide.

— *Votre cas me paraît intactile, comme disait Confucius. Essayez simplement de ne manger qu'entre les repas, et si vous avez mal aux dents, achetez donc un insufflateur chez votre plus proche luthier.*

***

Fleur d'arbre de couche. — Je voudrais bien trouver une de ces fameuses places de rôdeur de barrière....

— *La S.N.C.F. a eu trop d'ennuis avec les passages à niveau pour en ouvrir de nouveaux... Mais la Marine songe, dit-on, à créer des passages à niveau d'eau. Attendez!*

***

Loup fol. — Pourquoi Ronsard était-il poète et non marchand de frites?

— *Parce qu'il est plus facile d'être poète (tous les poètes sont pauvres, dit-on) que marchand de frites, profession qui nécessite une certaine mise de fonds et certaines connaissances.*

•

DU NOUVEAU DANS L'ART PICTURAL : LA PEINTURE AU RÂTEAU

Mânes de Michel-Ange, de Raphaël, de François Coppée, tressaillez d'aise là où vous vous trouvez! Voilà enfin la peinture, art majeur, mise à la portée de tous : la peinture au râteau permet de réaliser ce miracle; il faut reconnaître, d'ailleurs, que cette nouvelle méthode était dans l'air depuis déjà un certain temps, et les chefs d'école la désignaient comme devant inévitablement succéder à la peinture au couteau. Certains dissidents en retardèrent l'emploi en essayant de préconiser la peinture à la fourchette et au ramasse-miettes; le bon sens artistique fit rapidement litière de ces fantaisies déplacées et la peinture au râteau prend dorénavant dans l'histoire de la couleur la place à laquelle elle a droit :

La manière de s'en servir est la suivante : sur une toile préalablement passée au borate de soude vous jetez à la volée le contenu de deux ou trois pots de peinture; vous étalez à l'aide d'une sarbacane renforcée et vous passez ensuite un râteau dans tous les sens.

Le résultat est à proprement parler inoubliable et ne contribuera pas peu à rehausser l'éclat de notre patrimoine (de Saint-Bernardin).

PIERRE DAC

Le carré de l'hypoténuse parlementaire est égal à la somme de l'imbécillité construite sur ses deux côtés extrêmes.

APRÈS LA BATAILLE

Mon père, cet anchois au sourire andalou,
Suivi d'un nénuphar qu'il aimait entre tous

Pour son faux-col vert-neige fait en pierre de taille,
Parcourait en nageant la foire à la ferraille,
Où se tenaient, pensifs, des melons accroupis...
Soudain, son gros orteil crut percevoir des cris...
C'était un hérisson voltigeant sur la route,
Qui brûlait son chandail pour mieux casser la croûte,
En criant : « Un chou-fleur pour cirer mes souliers!!!...
Ou bien un bec de gaz pour me laver les pieds!!!... »
Mon père, ému, tendit au nénuphar fidèle
L'obélisque à vapeur où trempait sa bretelle
Et dit : « Mouche la jambe à cet oiseau blessé,
Et brûle-lui l'œil droit avec un fer glacé. »
A ce moment précis, surgissait du « Rat Mort »,
En marchant sur les mains, un boa constrictor
Qui lança sur mon père sa veste en alpaga.
Le coup passa si près qu'un hareng se noya,
Et qu'un éléphant blanc tomba dans sa soupière.
« Hurrah! » cria mon père, se mordant la paupière.

AVIS AUX PÊCHEURS

Pêcheurs, n'oubliez pas la date du 13 juin. C'est celle de l'ouverture de la pêche. Nous vous signalerons celle de l'abricot en temps utile.

C'EST LA SOUPE A L'OSEILLE QUI DÉCIDA DE LA CARRIÈRE D'OLIVIER CROMWELL

Cette affirmation peut paraître bizarre, mais c'est à prendre ou à laisser. C'est d'ailleurs extrêmement facile à comprendre; qu'on en juge : en 1640, Olivier Cromwell était simple député au Long Parlement; seul de ses collègues, il était réfractaire à la soupe à l'oseille; ça le fit naturellement remarquer, et cette particularité le classa automatiquement dans l'opposition; de là à préparer la révolution, il n'y avait que la distance d'une écumoire; on connaît la suite, mais on peut ainsi se rendre compte de l'importance que peuvent avoir les petites choses sur les grandes. Ainsi va la vie, et le destin des peuples n'est souvent lié qu'à une sauce, comme l'a si justement fait remarquer Sénèque en s'ouvrant les veines avec une pierre à aiguiser les acrostiches.

MONDANITÉS

La 13e, Chambre recevra messieurs les inculpés de 14 à 18 heures, tous les jours sauf les dimanches. On est prié d'apporter ses gendarmes.

FAITS DIVERS :

ACCIDENT DU TRAVAIL

Un inconnu qui, au cours d'une discussion d'intérêts, tentait de soulever une énorme difficulté, a été écrasé par celle-ci. Il est dans un état désespérant.

LE TRÉSOR
DE LESSIVEUSE-BILL

Grand roman d'actualité au Far-West

par FENICORE MOOPER

LE TRÉSOR DE LESSIVEUSE-BILL (1)

CHAPITRE I

UNE MENACE MENAÇANTE

Un cavalier arriva au galop au ranch de Lucky-Strike, en Californie. Il était à bicyclette.

— Hello! lui cria le farmer, tu es en retard, Teddy.

— M'en parlez pas, patron, j'ai eu une panne de cheval. Heureusement j'ai pu capturer au lasso un vélo sauvage qui passait.

— Et ton cheval?

— Je l'ai laissé dans la prairie, au ruisseau de la Mort Lente... Faudra le prendre en remorque avec une charrette de dépannage.

— A part ça, quelles nouvelles, Teddy?

— Mauvaises, patron... Les Peaux-Rouges revendiquent. Ils réclament un nouveau morceau de territoire...

— Toujours l'espace vital, bougonna le farmer.

— En tout cas, patron, ça va sûrement barder. Les tribus se massent à la frontière indienne et Compote-de-Prunes, le chef des Pieds-Tournés, a pris la tête du mouvement. Il aurait même fumé le calumet de la paix avec son vieux rival Œil-de-Bœuf-Entrouvert...

— Une réconciliation?

— Oui, pour mieux nous tomber dessus!

Les deux hommes pénétrèrent dans la salle commune du ranch où une dizaine de cow-boys étaient en train de jouer à la marelle, histoire de passer le temps.

Cornelius Whipcoard, le farmer, possédait une

vaste exploitation dont les prairies s'étendaient sur plus de quinze miles jusqu'à la frontière indienne. C'était un brave homme, assez rude mais correct en affaires. Il avait fait une rapide fortune, jadis, en vendant des cacahuètes aux pionniers du Far-West, des esquimaux glacés aux chasseurs de buffles et des machines à scalper aux Sioux et aux Pawnies. Devenu veuf la veille de son mariage à la suite d'un stupide accident de machine à coudre, il était l'heureux père d'une charmante jeune fille, Arizonette, actuellement âgée de dix-neuf ans.

Quant à Teddy — Teddy Longlifournobleking — c'était un jeune cow-boy de vingt-trois ans à peine, aux mollets doubles et aux biceps musclés, qui adorait son métier. Il n'avait pas son pareil pour monter à cheval, dresser les puces sauvages, attraper les moustiques au lasso, traire les vaches, remonter les pendules, sauter les précipices à pieds joints, tondre les moutons, tirer à la carabine, recoudre les boutons de culotte, etc., etc.

Bref, c'était le prototype du parfait cow-boy accompli.

Cornelius Whipcoard interrompit d'un coup de sifflet la partie de marelle de ses compagnons.

— Mes amis, s'écria-t-il avec émotion, y a du mou dans la corde à nœuds — comme aurait dit mon vieux camarade Dac-le-Trappeur quand il chassait la bande molletière sauvage sur les pentes abruptes du Colorado. Les Peaux-Rouges seraient sur le point de déterrer la gare de Hèche... Je veux dire la hache de guerre... La tribu des Pieds-Tournés mobilise et son chef, Compote-de-Prunes, menace d'envahir notre domaine pour agrandir le sien...

Un silence de mort accueillit ces graves révélations. Les cow-boys du ranch de Lucky-Strike ne se faisaient aucune illusion. Que pouvait une poignée d'hommes contre des centaines et des centaines d'Indiens?

— Patron, cria l'un d'eux, un seul être peut nous sauver.

— Qui?

— Lessiveuse-Bill!

Cornelius Whipcoard hocha la tête :

— Tu as raison, Groggy-la-Mélasse, il faut prévenir sans perdre de temps Lessiveuse-Bill, le plus grand héros du Far-West. Seuls, lui et ses cavaliers peuvent tenir tête victorieusement à Compote-de-Prunes et à Œil-de-Bœuf-Entrouvert... Mais où est-il en ce moment?

— Moi, je sais, répondit Teddy... Il chasse le buffle au lance-pierre dans la plaine de Whatocloakisit. Je me charge de l'avertir. Qu'on me donne un cheval et avant vingt-quatre heures je l'aurai rejoint.

— C'est bon, Teddy, *all right and lavatory!*

A ce moment, Arizonette, la fille du farmer, fit irruption dans la salle commune. C'était une jolie blonde aux yeux verts.

— J'ai tout entendu, dit-elle. Puis-je vous accompagner, Teddy?

— Oh! miss, vous n'y pensez pas, repartit le cow-boy. La route n'est pas sûre d'ici Whatocloakisit. On m'a signalé la présence de nombreux passages à niveau ambulants qui rôdent dans la prairie...

La jeune fille haussa les épaules :

— Je ne crains pas les passages à niveau, Teddy. Bien au contraire, j'adore le risque. N'oubliez pas que je suis la fille de mon père et que mon père est le père de sa fille.

— Je n'en disconviens pas, mais...

— Teddy, si vous ne m'emmenez pas, je partirai quand même...

Le cow-boy capitula.

— Alors, dit-il, qu'on selle deux chevaux au lieu d'un.

Qui était Lessiveuse-Bill qu'on voulait alerter? Un ancien capitaine de l'armée régulière devenu célèbre au Far-West par ses exploits extraordinaires. On l'avait surnommé Lessiveuse-Bill parce qu'il avait un jour repoussé à coups de lessiveuse une tribu de Sioux qui l'avait attaqué.

(A suivre cordialement)

LE TRÉSOR DE LESSIVEUSE-BILL (2)

RÉSUMÉ DU CHAPITRE PRÉCÉDENT. — *Cavalier, vélo sauvage, frontière indienne, Compote-de-Prunes, Pieds-Tournés, Œil-de-Bœuf-Entrouvert, esquimaux glacés, Colorado, passage à niveau ambulant, Arizonette, Lessiveuse-Bill, tribu de Sioux.*

CHAPITRE I

UNE MENACE MENAÇANTE *(suite)*

Fils d'un rétameur d'entonnoirs et d'une avaleuse de sabres, Lessiveuse-Bill, de son vrai nom Philomenus Massachussetts, avait passé son enfance dans les faubourgs de New York et son adolescence sur les bords du Mississipi.

A l'âge de dix-huit ans, il s'était glissé clandestinement dans une caravane se dirigeant vers l'Ouest et s'était fait embaucher comme dactylographe par un chasseur de bisons.

Capturé un jour par les Peaux-Rouges, il avait réussi à s'évader après avoir tué ses geôliers en leur fracassant le crâne avec son Underwood portative, de sorte qu'on avait bien failli, à l'époque, le surnommer Underwood-Portative-Bill, mais le destin, inexorablement capricieux, en avait décidé tout autrement.

Et c'est quelques mois plus tard, ainsi que nous l'avons déjà signalé, qu'il obtint le sobriquet original de Lessiveuse-Bill.

Il s'engagea alors comme colonel dans l'armée régulière, mais fut rétrogradé peu de temps après, à la suite d'une bagarre avec un scieur de long qui lui avait mis du poil à gratter sur le nombril.

Il servit encore pendant six années dans l'armée régulière avec le grade de capitaine; puis, ayant fait quelques économies, il acheta des chevaux, un grand chapeau, une douzaine de lassos, un rifle, trois pistolets et s'installa à son compte.

Au moment où commence notre récit, Lessiveuse-Bill, à la tête d'une troupe de cinquante volontaires, s'était spécialisé dans la chasse au buffle, la pêche au goujon et la lutte contre les Peaux-Rouges.

A part ça, c'était un très brave homme.

Chapitre II

L'EMBUSCADE

Arizonette et Teddy Longlifournobleking chevauchaient dans la prairie, bras dessus, bras dessous, côte à côte et l'un derrière l'autre.

— C'est imprudent, Miss, d'avoir tenu à m'accompagner...

— Bah! répondit la jeune fille, ça vaut encore mieux que d'attraper la scarlatine avec un filet à papillons.

— Evidemment.

— Ou de s'asseoir sur le cratère d'un volcan pendant une éruption.

— Bien sûr.

— Ou de sauter à la corde en traversant à la nage les chutes du Niagara.

— Naturellement.

— Ou de jouer à saute-mouton en faisant l'ascension du Chimborazo.

— Comme de juste.

Ce dialogue aurait pu durer longtemps s'il n'avait été brusquement interrompu par un hululement bizarre qui fit tressaillir les deux cavaliers.

— Vous avez entendu, Teddy? haleta la fille du farmer.

— Oui, balbutia le cow-boy, c'est le cri du hareng saur à qui l'on pince la queue avec une clef à molette.

— Et alors?

— C'est sans aucun doute un Indien de la tribu des Grenouilles-à-plumes qui l'a poussé... On nous épie... Tenons-nous sur nos gardes...

Le cheval d'Arizonette se cabra, car une flèche venait de lui siffler aux oreilles un petit air de mazurka.

— Pied à terre! hurla Teddy, et à plat ventre, s'il vous plaît!

La jeune fille sauta sur le sol et se laissa tomber sur le ventre. Teddy Longlifournobleking en fit autant, cependant que les chevaux, habitués à la manœuvre, se couchaient sur le dos et levaient les pattes en l'air.

Il était temps... Une pluie de flèches s'abattit sur les deux jeunes gens.

— Ça va plutôt mal! grogna Teddy. Ah! miss Arizonette, vous eussiez mieux fait de demeurer au ranch, ç'eût été plus sage et moins hasardeux.

— Oh! riposta-t-elle, voyez là-bas, au-dessus du buisson vert clair : une tête de Peau-Rouge qui grimace!

Le cow-boy épaula son rifle. Une détonation retentit et la tête d'Indien, atteinte au gras de la cuisse droite, roula sur le sol avec un bruit mat.

— Et de deux! triompha Teddy.

— Comment! et de deux? protesta Arizonette, mais vous n'en avez tué qu'un.

Le cow-boy haussa les épaules :

— Vieille habitude chez moi, je compte toujours deux par deux, c'est beaucoup plus simple. Pour avoir le compte exact, y a qu'à faire la division.

— Très ingénieux, passez-moi un bout de papier et un crayon, je vais faire l'opération.

Hélas! avant même que notre héros ait eu le temps de donner une suite favorable à la demande de sa compagne, quinze Indiens armés de lances et d'arcs surgirent de derrière les fourrés et s'élancèrent à quatre pattes, un coutelas entre les dents et un rabot de menuisier sur l'oreille.

— Hugh! crièrent-ils, hugh! hugh! hugh!

Arizonette pâlit affreusement :

— Nous sommes foutus! frissonna-t-elle en se pinçant fortement le cubitus pour s'assurer qu'elle ne rêvait pas.

(A suivre négligemment)

Tous droits réservés, y compris celui de se mordre l'orteil gauche en fredonnant « Johnny Palmer ».

LE TRÉSOR DE LESSIVEUSE-BILL (3)

RÉSUMÉ. — *La contribution nationale extraordinaire, instituée par l'article 7 du décret-loi du 12 novembre 1938, modifié par l'article 7 de la loi du 31 décembre 1938, est égale au tiers de la cotisation d'impôt général sur le revenu.*

CHAPITRE II

L'EMBUSCADE *(suite)*

Les Peaux-Rouges continuaient à avancer. Le cercle se resserrait autour de nos héros.

Teddy Longlifournobleking appuya derechef sur la gâchette de son rifle. C'était un tireur habile... (d'une seule balle, il abattit les quinze Indiens qui, pourtant, n'étaient pas les uns derrière les autres).

— Oh! s'extasia Arizonette, comment avez-vous réussi une telle performance?

Teddy, modestement, prit une pose avantageuse :

— C'est bien simple, Miss, j'ai fait des ricochets!

Tous les ennemis étaient morts. Le cow-boy et la jeune fille, rassérénés, se levèrent d'un bond. Mais un seizième Indien — qui n'était pas mort, celui-là — sortit brusquement d'un tronc d'arbre où il était caché.

— Ajkwzwrtstgdfsfggklmnrtwxzyxcsgptrlb-vdooooo! hurla-t-il.

Et en moins de temps qu'il n'en faut à un rémouleur professionnel pour s'asseoir sur une peau de banane, il s'empara du cheval d'Arizonette, le chargea sur ses épaules et s'enfuit à toutes jambes.

Teddy épaula son rifle, mais la jeune fille l'arrêta d'un geste :

— Ne tirez pas, ne tirez pas, vous pourriez tuer mon pauvre mustang!

— Vous avez raison!

Et, prompt comme l'éclair, il sauta en selle :

— Vite, montez dans le spider, miss Arizonette... Je veux dire en croupe... Nous allons poursuivre ce voleur et lui faire rendre gorge...

La fille du farmer obéit et la chasse commença... L'Indien courait toujours, le cheval sur ses épaules. A vrai dire, il perdait du terrain. Ses poursuivants n'allaient pas tarder à le rattraper.

Soudain, Teddy poussa un juron :

— Corne de buffle! il vient de s'engager sur le trottoir cyclable!

— Et alors?

— Eh bien! nous sommes à cheval, nous n'avons pas le droit d'emprunter ce trottoir.

— Personne n'en saura rien.

— La loi de la Prairie, Miss, est inexorable. Elle punit de mort ceux qui se rendent coupables d'une infraction au code de la circulation.

— Bah! mon père connaît très bien un conseiller municipal de Magic-City... Il fera sauter la contravention!

— Vous croyez?

— J'en suis sûre.

— Alors, allons-y!

CHAPITRE III

UN ÉTRANGE ALLIÉ

Assis à califourchon sur une ancienne borne lumineuse recouverte d'une peau de cougouar, Lessiveuse-Bill nettoyait son fusil de chasse avec un rince-bouteille et un tampon-buvard.

— Hello! captain, s'exclama Willy Longtail, son lieutenant, combien avez-vous tué de bisons ce matin, au cours de votre promenade solitaire?

L'ex-officier eut un mouvement de mauvaise humeur :

— Ne m'en parlez pas, Willy, ça n'a pas gazé fort... Je ne sais ce que j'ai, depuis quelque temps, je ne suis pas très en forme, je n'en ai tué que 58 en un quart d'heure...

— Vous devriez vous reposer, captain... Pourquoi n'iriez-vous pas en vacances?

— Willy, sachez que tant que le Far-West sera infesté de Peaux-Rouges rebelles et de bisons récalcitrants, Lessiveuse-Bill ne prendra pas de vacances...

— Tout de même...

— Cela suffit, n'insistez pas... A propos, a-t-on des nouvelles de mon grand ennemi Queue-de-Billard, le maudit chef de la tribu des Castors-désossés?

— Aucune, captain, mais on affirme qu'il rôde toujours dans les parages et qu'il a promis solennellement d'apporter votre chevelure, avant la prochaine lune, à sa jeune squaw Karapanana!

Lessiveuse-Bill éclata d'un gros rire que l'écho répercuta treize fois et demie aux confins de la prairie :

— Ah! ah! ah! fit-il, celui qui me scalpera n'est pas encore né, mes cheveux sont solides et les cartouches de mon fusil ne sont pas faites pour les ornithorynques!

A ce moment, un homme apparut à la lisière du petit bois voisin. C'était un jeune Indien, habillé de couleurs éclatantes et tenant dans sa main le tuyau d'une longue pomme d'arrosoir ornée de plumes et de verroteries bizarres.

Il s'approcha sans crainte et s'arrêta devant Lessiveuse-Bill. Ses yeux brillaient comme des charbons enflammés et un pli barrait son front de la tempe droite à la tempe gauche.

Soudain il ouvrit la bouche :

— Je suis Dessous-de-Plat-à-Musique, dit-il. Dessous-de-Plat-à-Musique, grand chef de la tribu des Pieds-Crochus, vient fumer le calumet de la paix avec les Visages-Pâles.

Lessiveuse-Bill se dressa et le regarda fixement :

— Dis-tu la vérité, Dessous-de-Plat-à-Musique?

— Je la dis!

— Donne-moi une preuve de ta sincérité.

(A suivre sans respirer)

LE TRÉSOR DE LESSIVEUSE-BILL (4)

RÉSUMÉ. — *Il est évident que si Teddy Longlifournobleking avait pu deviner le pourquoi de la chose quant à ce qui concerne les effets de ce que l'on aurait pu croire sur ce qu'on ne pouvait néanmoins admettre qu'avec circonspection, il eût été plus judicieux d'agir autrement.*

CHAPITRE III

UN ÉTRANGE ALLIÉ *(suite)*

Le jeune chef fixa Lessiveuse-Bill de ses yeux étincelants :

— Une preuve de ma sincérité? Dessous-de-Plat-à-Musique pourrait répondre fièrement que sa parole suffit, mais Dessous-de-Plat-à-Musique n'a pas l'orgueil de la queue du buffle qui chasse les mouches avec un éventail en poils de puma; Dessous-de-Plat-à-Musique va prouver son attachement aux Visages-Pâles en leur offrant le buffle en daube de l'amitié en son wigwam de chef de tribu.

Lessiveuse-Bill fronça son sourcil gauche :

— Il est loin, ton wigwam?

— A trois portées de pistolet à bouchon au-delà de la cascade de la Tortue-qui-se-Mouche.

— C'est bon! allons-y!... Willy, rassemblez tout le monde, en selle, nous partons!

— Bien, captain!

— Tu as un cheval, Dessous-de-Plat-à-Musique?

— Oui, il m'attend dans le petit bois, car il est très timide, surtout quand il ne connaît pas les gens, mais je vais l'appeler.

L'Indien mit ses deux mains en porte-voix :

— Coupe-Cigare! hurla-t-il, hé oh! Coupe-Cigare!

— Voilà! voilà! répondit le cheval en accourant au triple galop.

Chapitre IV

AU CAMP INDIEN.

C'était dans un profond repli de la forêt des Becs de Lièvres que se trouvait le camp des Pieds-Crochus. Il était entouré de tous côtés, excepté de face, par une végétation basse et rabougrie rappelant à peu de chose près l'artichaut vinaigrette et le fil de fer barbelé à feuilles plates.

La tente du chef était reconnaissable à un poteau télégraphique, placé devant l'entrée, et auquel était suspendu un cercle de tonneau supportant des chevelures, des doigts de pieds dépareillés et des genoux de quinquagénaires.

Décor assez sinistre, d'ailleurs, bien que le chef peau-rouge eût essayé de l'égayer quelque peu en accrochant également un calendrier des P.T.T., un lampion bariolé, une saucisse fumée et un caleçon rose de Visage-Pâle.

A l'intérieur du camp, une cinquantaine de guerriers tuaient le temps en jouant à saute-bison ou à cache-sourcils, deux jeux de société qui faisaient fureur à l'époque dans toute cette région désolée du Far-West.

Quelques squaws en tenue de golf tournaient une

mayonnaise géante dans une calebasse en bois de réglisse montée sur pilotis.

Tous, en voyant arriver Lessiveuse-Bill et ses hommes en compagnie de Dessous-de-Plat-à-Musique, interrompirent leurs occupations pour se porter à la rencontre des visiteurs.

Les guerriers saluèrent à la manière indienne, c'est-à-dire en levant leur pied droit à la hauteur du genou gauche, en tirant la langue, en louchant et en agitant fébrilement les deux oreilles dans le sens giratoire, cependant que les squaws, face contre terre, poussaient des petits cris bizarres en dansant à plat ventre le curriculum-walk des Comanches de parapluie, selon la plus pure tradition des filles de Sioux.

Le chef se tourna vers ses hôtes :

— L'accueil spontané des Pieds-Crochus rassure-t-il mes frères au visage pâle?

Lessiveuse-Bill, encore méfiant, se borna à répondre prudemment :

— Le temps est beau pour la saison, mais on ne peut pas dire que le fond de l'air ne soit pas frais... N'est-ce pas, lieutenant Willy Longtail?

— Veuillez agréer, captain, l'assurance de ma considération distinguée, riposta Willy sur le même ton.

— Pied à terre! commanda le célèbre tueur de bisons en sautant lui-même sur le sol.

Tous obéirent.

— Que mes frères au visage moins pâle tout à l'heure daignent s'asseoir sur l'herbe grasse, déclara le chef indien, nous allons fumer ensemble le calumet de la paix!

Et, frappant dans ses mains :

— Qu'on m'apporte la pipe à rallonge de mes ancêtres! hurla-t-il.

Une squaw aux cheveux décolorés s'éloigna en sautillant pour revenir quelques instants après avec une longue pipe qu'elle portait sur l'épaule droite.

— Hugh ! fit-elle, hugh ! et hugh et hugh ! hugh ! hugh !

— Hugh ! hugh ! répondit le jeune chef, hugh ! hugh ! hugh ! et hugh ! hugh ! plow ! plow ! booooooogh ! hugh ! hugh !

Lessiveuse-Bill donna une bourrade à son lieutenant :

— Traduisez, Willy, vous qui connaissez la langue du pays !

— Oh ! c'est très simple, captain... Elle a dit : « Voilà la pipe ! » et il a répondu : « Merci bien. »

Mais la squaw ajouta :

— Hugh ! hugh ! hugh ! et hugh ! hugh ! hugh ! zzzzzzugh !

— Que dit-elle encore ?

— Elle réplique : « Y a pas de quoi ! »

(A suivre pas à pas)

LE TRÉSOR DE LESSIVEUSE-BILL (5)

RÉSUMÉ. — *L'ectoplasme du trisaïeul ayant disparu de la huche à pain, Gontran de la Mortadelle charge Évariste Malfroquet de capturer Mme de Montespan et de la livrer aux Indiens, mais Chroumbadaban prévient Lessiveuse-Bill qui se rend aussitôt chez Louis XIV ou il retrouve Teddy Longlifournobleking.*

CHAPITRE IV

AU CAMP INDIEN *(suite)*

Le sachem des Pieds-Crochus alluma le calumet de la paix et le tendit à Lessiveuse-Bill :

— Fume, frère au visage mou; quand le calumet aura fait le tour de l'assistance, ce sera entre nous à la vie et à la mort, à la mort et à la vie, à la vie, à la mort, à la mort, à la vie, et vie et mort et mort et vie, j'ai dit!

L'ancien officier aspira habilement une longue bouffée, la fit ressortir adroitement par les narines et l'envoya béatement dans l'œil droit du chef peau-rouge en disant :

— Qu'est-ce que c'est que ce tabac, Dessous-de-Plat-à-Musique?

— Ce n'est pas du tabac, c'est du bigoudi de Mohican râpé mêlé à la touffe de poil à gratter du grand Canyon du Colorado!

— Délicieux! n'est-ce pas, Willy?

— Oui, captain, on dirait presque de la tomate farcie ou de la soupe au castor.

Le calumet de la paix, cependant, passait de main en main et de bouche en bouche. Soudain un des compagnons de Lessiveuse-Bill poussa un cri terrible :

— Aux armes, aux armes!

Tous sursautèrent.

— Que se passe-t-il?

— Je viens d'apercevoir l'ombre équestre de Queue-de-Billard à l'autre bout de la prairie..

CHAPITRE V

LE FAR-CODE

Teddy Longlifournobleking et Arizonette poursuivaient toujours, sur le trottoir cyclable, le ravisseur du cheval de la jeune fille.

Celle-ci, impatiente de récupérer son mustang, ne cessait de crier au cow-boy :

— Attrapez-le au lasso, Teddy, attrapez-le au lasso!

— Le cheval ou l'Indien!

— L'Indien.

— Mais il va se sauver.

— Qui? L'Indien?

— Non, le cheval.

— Alors, attrapez le cheval.

— Mais il va se sauver.

— Qui? le cheval?

— Non, l'Indien.

— Alors, attrapez-les tous les deux.

— Je n'ai qu'un lasso... Enfin, je vais essayer tout de même.

Le cow-boy déroula son lasso, le fit tournoyer pendant quelques secondes et le lança dans la direction du voleur de mustang. Mais ce dernier, prévoyant le coup, avait fait un brusque bond de côté.

— Malédiction ! jura Teddy.

— Oh ! s'exclama Arizonette, vous avez tout de même capturé quelque chose !

— Quoi donc ?

— Regardez, il y a un homme au bout de votre corde !

— Mille millions de corned-beef ! C'est un agent de la circulation... J'ai attrapé une contravention au lasso !

En effet, un policeman tapi dans les hautes herbes venait d'être happé par le lasso du cow-boy.

— Ah ! ah ! hurla-t-il, votre compte est bon, mon gaillard... Vous faites du cheval sur un trottoir cyclable, la loi de la Prairie est formelle : c'est la peine de mort !

Teddy pâlit affreusement :

— La peine de mort ?

— Oui, et en cas de récidive : six mois de prison.

— Alors, je préfère vous l'avouer tout de suite, je suis récidiviste... C'est la sixième fois que j'emprunte le trottoir cyclable.

— Sans coupe-file ?

— Sans coupe-file.

L'agent, qu'on avait délivré du lasso, consulta un petit calepin qu'il avait tiré de sa poche :

— Voyons, dit-il... « Première fois : peine de mort ; seconde fois : six mois de prison ; troisième fois : cent dollars d'amende ; quatrième fois : dix dollars ; cinquième fois : acquitté ; sixième fois : ... » Heu !... Sixième fois : c'est moi qui vous doit de l'argent, monsieur... Tenez, voilà dix dollars, et surtout ne recommencez pas, hein !

Le policeman versa les dix dollars, salua militairement et s'éloigna dignement au pas cadencé.

— Ah! soupira Teddy Longlifournobleking, la loi de la Prairie est inexorable!

Et, s'asseyant machinalement sur son propre genou gauche, il se mit à sangloter éperdument.

— Voyons, Teddy, voyons, murmura Arizonette, ne vous laissez pas abattre ainsi... Nous ferions mieux de continuer nos recherches. Mon mustang et son ravisseur courent toujours...

(A suivre à l'envers)

Tous droits réservés, y compris celui de peindre en vert l'agent-mirador de la place de l'Opéra en dehors des heures de service.

LE TRÉSOR DE LESSIVEUSE-BILL (6)

RÉSUMÉ. — *L'audace des malfaiteurs ne connaît plus de bornes. Nous avons le regret d'informer nos lecteurs que le résumé de cette semaine nous a été subtilisé ce matin, dans la cage de l'ascenseur, par un adroit filou qui nous a fait le coup du vol à l'esbroufe. Nous offrons une récompense de 1000 dingos-or à qui fera arrêter l'escroc. Discrétion assurée contre tous risques par Compagnie anglaise.*

CHAPITRE V

LE FAR-CODE *(suite)*

Le cow-boy hocha la tête :

— Vous avez raison, Miss, poursuivons ce sauvage, mais puisque le trottoir cyclable nous est interdit, prenons la route à lacets.

Et il éperonna sa monture qui s'élança à vive allure. Malheureusement, nos héros n'avaient pas parcouru soixante-deux mètres cinquante, que Teddy Longlifournobleking poussa un juron retentissant :

— Sac en amiante! Un lacet de la route vient de se casser!

— C'est épouvantable! grommela la jeune fille, quand on est en retard, les lacets se cassent toujours!

— Vite, faisons un nœud et repartons!

Mais quand ils se remirent en marche, le ravisseur du mustang avait disparu à l'horizon.

Chapitre VI

LE GOUFFRE DE LA MORT SUBITE

Queue-de-Billard, nous l'avons dit, était le plus grand et le plus redoutable ennemi de Lessiveuse-Bill; aussi quand ce dernier aperçut la silhouette équestre du Peau-Rouge se profilant à l'horizon, il se dressa comme un seul homme et hurla :

— En selle, tous en selle! et sus à Queue-de-Billard!

Dessous-de-Plat-à-Musique, sans se départir de son flegme habituel, ricana d'une voix mielleuse :

— Mon frère au visage pâle a-t-il suffisamment confiance en Dessous-de-Plat-à-Musique pour permettre à celui-ci de l'accompagner?

— Hugh! répondit Lessiveuse-Bill à tout hasard.

Blancs et Rouges, avec un ensemble plus que parfait du subjonctif, sautèrent sur leurs chevaux et partirent en trombe en soulevant un nuage de poussière qui ne devait rien à personne.

Queue-de-Billard, impassible comme une tête de veau à la cinquième ébullition, n'avait pas bougé d'un centimètre. Debout sur son cheval — et bien campé sur l'horizon — il semblait défier ses ennemis avec l'insolence d'un ragoût de mouton qui aurait gagné un kilo de lentilles à la tombola annuelle des étrangleurs de rentières en chômage.

Mais quand les autres ne furent plus qu'à cinquante mètres de distance, il fit brusquement volte-face et détala à une vitesse vertigineuse.

— Attention! hurla Willy Longtail, il nous entraîne directement au précipice de la Mort Subite!

A ces mots, tous frissonnèrent comme des feuilles d'impôts sous le stylographe d'un contrôleur des contributions directes.

Le précipice de la Mort Subite, en effet, était un des coins les plus sinistres et les plus périlleux du Far-West. Imaginez un trou au fond duquel il y aurait un abîme dans lequel se trouverait un gouffre où l'on aurait creusé un puits gigantesque que prolongerait, toujours dans le sens de la profondeur, une excavation se terminant par un précipice muni d'une trappe donnant sur le vide absolu et vous n'aurez qu'une faible idée de la chose en question.

C'est vous dire s'il y avait de quoi frissonner!

Et c'était vers cette abomination de la désolation que Queue-de-Billard se dirigeait à folle allure!

Le piège, vraiment, était trop grossier...

— Halte! commanda Lessiveuse-Bill.

Tous stoppèrent brutalement, sauf Willy Longtail qui continua à galoper en s'écriant avec épouvante :

— Malédiction! mes freins ne fonctionnent plus...

Un tremblement convulsif agita le mollet gauche de Lessiveuse-Bill.

— Le malheureux, murmura-t-il, il est perdu!

Queue-de-Billard, qui avait stoppé lui aussi, contemplait en ricanant l'infortuné cavalier qui, filant comme un spaghetti à la milanaise, fonçait tête baissée vers le précipice de la Mort Subite.

— Ah! ah! ah! jubilait-il cruellement, le frère mironton au visage pâle va faire un joli plongeon dans l'éternité!

Le lieutenant de Lessiveuse-Bill, cependant, n'avait pas perdu son sang-froid.

— Si je pouvais faire demi-tour?

Hélas! il eut beau tirer sur la bride, le cheval ne tourna point.

— Punaise dans le fromage mou! jura-t-il, ma direction est faussée...

C'était le coup de grâce. Le précipice approchait de seconde en seconde... Seul un miracle pouvait sauver Willy Longtail et sa monture!

Eh bien! aussi invraisemblable que cela puisse

paraître, le miracle se produisit... Un bruit formidable retentit soudain et un tremblement de terre secoua le sol, bouchant providentiellement l'orifice du gouffre au moment même où Willy Longtail allait s'abîmer dans le vide.

Il passa sans dommage comme une lettre à la poste, mais son mustang, de plus en plus emballé, galopait toujours comme un dératé.

(A suivre méthodiquement)

LE TRÉSOR DE LESSIVEUSE-BILL (7)

RÉSUMÉ. — - . - ; - . - . - - ... - .... - .... - .. - .... - .... - .. - ...... - ...... - .... - - .. - .. -... *(Espions s'abstenir).*

CHAPITRE VI

LE GOUFFRE DE LA MORT SUBITE
(suite)

Willy Longtail put enfin arrêter son cheval, sans mettre pied à terre, en l'attrapant au lasso à bout portant et en tirant violemment sur la corde.

Le mustang s'immobilisa. Willy Longtail était sauvé...

Queue-de-Billard serra les poings avec colère :

— Hugh ! jura-t-il.

Puis un cri de fureur s'échappa de ses lèvres :

— Hugh !

Et il lança cette menace :

— Hugh !

Après quoi, il hocha la tête et murmura d'un air sentencieux :

— Hugh !

Et comme ses ennemis, remis de leurs émotions, s'apprêtaient à le poursuivre à nouveau, il haussa les épaules en grognant :

— Hugh !

Ayant dit, il éperonna sa monture et démarra en s'exclamant véhémentement :

— Hugh ! hugh ! hugh ! hugh ! hugh !

Chapitre VII

LE VAGABOND AMBULANT

Arizonette et Teddy Longlifournobleking interpellèrent un marchand de lassos à la sauvette qui déambulait dans la prairie.

— *Hello, you* (1)! Vous n'auriez pas aperçu un cheval à homme?

— Quoi?

— Un cheval à homme ou, si vous aimez mieux, un cheval sur un homme?

Le vagabond cligna de l'œil :

— Vous voulez sans doute parler de cet Indien qui portait un mustang sur ses épaules?

— Tout juste... Où est-il?

Le vagabond recligna de l'œil :

— Achetez-moi une douzaine de lassos et je vous renseignerai. Ma situation de fortune m'interdit formellement de rendre des services gratuits. Tenez, j'ai de beaux lassos noirs à huit dollars la douzaine, ou alors des lassos rouges particulièrement recommandés pour la capture des Indiens, car ils sont invisibles sur leur peau. Je vous vends aussi des couteaux à scalper, avec mode d'emploi, des cartes postales de premier avril, la photo encadrée de George Washington, des œufs durs mayonnaise, de la gomme à claquer, du papier d'Arménie et de la sciure en conserve. Vous n'avez en somme que l'embarras du choix.

Teddy, impatienté, haussa les épaules :

— Donnez six lassos rouges, six lassos noirs, quinze couteaux à scalper, une douzaine de cartes

(1) Hep, vous!

postales, trois œufs durs mayonnaise, une livre de gomme à claquer, une rame de papier d'Arménie et huit boîtes de sciure en conserve. Mais dépêchez-vous!

— Je vous fait un paquet?

— Oui, mais vite, vite, très vite.

— Veuillez payer d'avance, je vous prie. Cela fait au total 87 dolllars et 35 cents. Je ne vous donne pas de facture acquittée mais le cœur y est.

Le cow-boy tira une bourse de sa ceinture, y prit neuf pièces de dix dollars et les tendit au vagabond :

— Voilà!

— Oh! je n'ai pas un cent de monnaie, répliqua l'homme, mais ne vous inquiétez pas, je vais aller en chercher au bureau de tabac du coin. Il y en a un à quarante miles d'ici. Dans huit jours, je serai de retour. A bientôt messieurs-dames!

— Hé! s'affola Teddy, ne partez pas, je vous fais cadeau de la monnaie, mais de grâce, donnez-moi vite le renseignement.

— Quel renseignement?

— Au sujet du cheval à homme.

— Ah! c'est vrai, j'avais totalement oublié cette histoire. Eh bien! l'Indien qui portait un mustang se dirigeait tout droit vers le campement des Grenouilles-à-Plumes, lequel se trouve actuellement dans la plaine du Grand-Steeple, au bord de la rivière des Tribunes.

Teddy et Arizonette n'en n'écoutèrent pas davantage. Éperonnant leur monture, ils s'esquivèrent au quadruple galop.

— Hé! hurla le vagabond, vous laissez votre paquet!

— Bah! on n'a pas le temps de s'en embarrasser, répliqua le cow-boy, portez-le au ranch de Lucky-Strike et dites à Cornelius Whipcoard de ne pas s'inquiéter, que tout va mieux que si ça allait moins bien et que cela irait beaucoup plus mal si ça allait encore moins bien.

— *All right!* riposta le marchand à la sauvette.

Et il s'éloigna d'un pas alerte en chantant joyeusement :

Oualala et yom naoua!
L'aigle rouge a du poil aux pattes!
Oualala et yom naoua!
L'aigle rouge est un acrobate,
Oualala et yom naoua!
Et pour scalper un Visage Pâle,
Oualala et yom naoua!
Il trempe ses pieds dans un' timbale,
Yom naoua et oualala!

(A suivre de haut en bas)

LE TRÉSOR DE LESSIVEUSE-BILL (8)

RÉSUMÉ. — *Si ce résumé ne vous plaît pas, dites-le à Pierre Dac. Si ce résumé vous plaît, dites-le à vos amis et connaissances. D'avance, merci. Nous vous rappelons, en outre, que la plus grande politesse est exigée du personnel et que c'est en forgeant le fer qu'on devient forgeron. A bon entendeur, demi-tour à droite, droite!*

CHAPITRE VIII

AH! AH! AH! AH!

Lessiveuse-Bill serra les poings avec la petite clé à molette qui ne quittait pas son gousset et qui servait exclusivement à cet usage.

— Ah! ah! ah! ah! fit-il, Queue-de-Billard s'est encore échappé! Mais il ne perd rien pour attendre. Il se croit insaisissable, rira bien qui rira le dernier et yop là boum, Prosper!

— Ne vous énervez pas, captain, conseilla Willy Longtail, tout finira par s'arranger avec un peu de calme, de patience, d'habileté, de doigté, de ruse, d'audace, de compréhension, de circonspection, d'adresse, de modération, de résignation, de cohésion et de préméditation.

— Vous croyez?

— J'en suis sûr.

— Alors, mes amis, délaissons Queue-de-Billard

jusqu'à nouvel ordre et retournons au wigwam de Dessous-de-Plat-à-Musique.

Les cavaliers tournèrent bride. Mais ils n'allèrent pas très loin, car la nuit commençait à tomber. Et, certes, la nuit ne tombe pas souvent, au Far-West, mais quand elle se met à tomber, elle tombe bien. Jamais, au grand jamais, on n'avait vu une nuit tomber comme celle-là!

— Va falloir camper sur place! grommela Lessiveuse-Bill.

— Nous n'avons pas de tentes, captain!

— On s'en passera.

— Nous n'avons pas de couvertures, non plus.

— On s'en passera.

— Le sol est dur, captain!

— Peut-être, mais pour parer à cet inconvénient, Willy, vous vous assoirez sur mes genoux.

— Et vous-même, captain?

— Je m'assoirai sur les vôtres.

— Tiens! c'est vrai, je n'y aurais point pensé. C'est pourtant simple comme *good morning, how do you do*.

Les compagnons de Lessiveuse-Bill avaient mis pied à terre. Ils disposèrent leurs chevaux en faisceaux et s'assirent sur les genoux les uns des autres. Dessous-de-Plat-à-Musique s'allongea sur le ventre et se coucha sur le dos, la tête entre les pieds, les cuisses sur les mains, le nombril en bandoulière et les coudes sous les bras.

Comme il était fatigué, il ne tarda pas à ronfler. Les autres non plus.

Deux sentinelles, cependant, préalablement désignées par Lessiveuse-Bill, veillaient sur le sommeil des dormeurs. C'étaient Johnny-la-Bretelle et Joe-Face-de-Crabe. Adossés l'un contre l'autre et les mains croisées sur le canon de leurs rifles, il scrutaient les ténèbres en échangeant à voix basse des propos cousus de fil blanc mais non dénués d'intérêt.

— Il paraît, disait Joe, que le patron a enfoui un trésor dans la plaine du Veau-qui-braie.

— Oui, j'ai surpris un jour une conversation à ce sujet entre le captain et Willy Longtail. Il s'agit d'un trésor fabuleux!

— De l'or, du platine, des diamants?

— Non, ce sont des couvercles de camembert constituant une collection unique au monde. L'un de ces couvercles, notamment, aurait été rapporté du Mexique par un chasseur de scarabées. C'est une pièce rare dont le sujet représente un combat de Sioux dans la cave d'un saloon de Chihuahua. Ça vaut une fortune.

Joe-Face-de-Crabe hocha la tête :

— Si on pouvait s'emparer de ce trésor, Johnny, on serait riches?

— Comme Crésus, Joe.

— Alors, pourquoi ne pas essayer?

— Tu n'y penses pas, la vengeance de Lessiveuse-Bill serait terrible!

— Bah! il n'en saurait rien. Cela fait trois ans et demi qu'il n'a même pas vérifié si son trésor est toujours à la même place.

— Mais pour aller à la plaine du Veau-qui-braie, il faudrait nous absenter?

— Évidemment, vieille noix.

— Comment justifier cette absence?

— On demanderait au captain une permission de détente pour aller au rodéo de Footing-les-Cobayes, qui doit avoir lieu la semaine prochaine. Au lieu d'assister au rodéo, on irait déterrer le trésor et ni vu ni connu je t'embrouille.

— Bonne idée!

A ce moment, Jonny-la-Bretelle sursauta. Il lui avait semblé dans l'ombre entendre un faible bruit.

— Serait-ce un Espagnol de l'armée en déroute

qui se traîne sanglant sur le bord de la route? balbutia-t-il avec émotion.

Car il connaissait ses classiques...

(A suivre à tâtons)

Tous droits réservés, y compris celui de couper la barbe de Victor Francen avec une pince à sucre à lame tranchante.

LE TRÉSOR DE LESSIVEUSE-BILL (9)

RÉSUMÉ. — *Notre héros s'appelle Lessiveuse-Bill, autrement dit : c'est Lessiveuse-Bill qu'il se nomme, c'est-à-dire, que, plus exactement, on l'a surnommé Lessiveuse-Bill, car il ne s'appelle pas Lessiveuse-Bill, mais comme on ne le connaît que sous le nom de Lessiveuse-Bill, c'est en somme comme s'il s'appelait réellement Lessiveuse-Bill. C'est pourquoi nous l'appelons Lessiveuse-Bill.*

CHAPITRE VIII

AH! AH! AH! AH! AH! *(suite)*

Joe-Face-de-Crabe haussa les épaules :

— Ne plaisante pas, Johnny, ce n'est pas le moment. Moi aussi, j'ai entendu du bruit et quand on entend du bruit, à pareille heure, dans la Prairie, c'est toujours alarmant. .

— Bah! un bruit n'est jamais qu'un bruit; si les pêcheurs s'inquiétaient du bruit de la mer, si les chaudronniers avaient peur du bruit de leurs chaudrons et les chapeliers du bruit de leurs chapeaux, ils n'auraient plus qu'à renoncer à l'existence. Si le bruit que nous entendons te gêne, Joe, veux-tu un peu de coton dans tes oreilles?

— Merci, je n'ai pas soif.

— A ton aise, Joe, mais bon appétit quand même!

Le bruit mystérieux, cependant, persistait. On eût dit le sifflement d'un chef de gare à l'arrivée d'un train de marchandises au lendemain d'un orage suivi de grêle.

— C'est tout de même pas naturel! grommela Joe-Face-de-Crabe en tremblant convulsivement.

Et, mettant à exécution le conseil de Johnny-la-Bretelle, il s'introduisit dans chaque oreille un gros paquet d'ouate thermogène.

Alors, n'entendant plus rien de rien, il se rassura tout à fait.

Chapitre IX

HUGH!

Le campement des Grenouilles-à-Plumes était en pleine animation. Les squaws lavaient leurs ombrelles dans la rivière des Tribunes, tandis que les guerriers astiquaient leurs tomahawks avec de la pâte à polycopier et que les enfants jouaient joyeusement au Visage-Pâle qui a des engelures et à chat-huant perché.

On se serait cru au Jardin d'Acclimatation et même, avec un tant soit peu d'imagination déréglée, à la kermesse annuelle des rôdeurs de soupapes de la Garenne-Bezons.

Spectacle fort pittoresque, d'ailleurs... Mais Teddy Longlifournobleking et Arizonette n'étaient point venus là pour admirer le pourquoi de la chose, la nature du paysage et l'exotisme du tableau.

Non, la récupération du mustang subtilisé les intéressait davantage.

Mais où le ravisseur l'avait-il caché?

Derrière la pile de soucoupes au pied de laquelle Marcassin-le-Tatoué, ivrogne officiel de la tribu, était en train de cuver consciencieusement sa ration quotidienne d'eau-de-feu à 45 degrés?

Sous la planche à repasser les *gilihimnayahouhoua-boozouzous* (1) qui servait de huche à bretelles à Schnoup-Schnoup-Anana, la jeune et belle épouse du sachem de la peuplade?

A l'intérieur du coffre à nombrils du sorcier?

Sous le traversin en bois de campêche de Pied-Bot-à-Roulettes, le valeureux fils du chef?

Non, ni là ni ailleurs, puisque le cheval de miss Whipcoard n'était pas encore arrivé à destination. Pour l'instant, il caracolait toujours sur les épaules du sinistre voleur qui l'avait enlevé.

Au fond, il faut bien dire que ça ne lui déplaisait pas tellement, à ce brave animal...

— C'est toujours ça de pris, qu'il se disait, le mustang, chacun son tour, après tout... On n'est pas plus mal au-dessus qu'en dessous... Si ça l'amuse de faire l'idiot, cet imbécile, moi je m'en tamponne le poitrail contre une borne kilométrique... Et tout et tout...

Bref, il avait l'impression très nette que l'homme, pour une fois, était la plus belle conquête du cheval. Aussi se laissait-il véhiculer avec une satisfaction sans pareille. Et il hennissait de plaisir entre ses dents.

Comme cela :

— Pom, pom, pom, polom, pom, pom!

Vous savez, comme le gendre à l'enterrement de sa belle-mère, dans la célèbre chanson de notre sympathique confrère et ami Noël-Noël!

Et pourtant, s'il avait pu deviner le sort terrible auquel le destinait son cruel ravisseur, il eût sans doute frémi jusqu'à la moelle de sa crinière.

Le Peau-Rouge, en effet, ne songeait ni plus ni

(1) Faux cols (en indien).

moins qu'à l'attacher au poteau de torture pour lui faire subir le supplice de la pince à sucre.

Qu'était ce supplice de la pince à sucre? A l'heure où nous mettons sous presse, nous l'ignorons encore, mais nous ne souhaitons à personne, en tout cas, — pas même à notre meilleur ami ou à notre percepteur — de connaître un jour les souffrances inhérentes à ce genre de torture épouvantable, auprès duquel l'ablation de la ceinture de flanelle et l'alésage du piston ne sont que de simples caresses puériles et honnêtes.

Mais n'anticipons pas...

Arizonette et Teddy Longlifournobleking, tapis derrière un nénuphar artificiel, observaient avec émotion ce qui se passait à l'intérieur du campement.

— Croyez-vous qu'il va pleuvoir? questionna la jeune fille d'une voix angoissée.

— Hélas! répliqua le cow-boy en plissant la narine gauche, j'en ai bien peur.

(A suivre et plus vite que ça!)

LE TRÉSOR DE LESSIVEUSE-BILL (10)

RÉSUMÉ. — *Un, deux, trois, quatre, cinq... Lessiveuse-Bill... Un, deux, trois, quatre, cinq... Une femme blonde... Un, deux, trois, quatre, cinq... Dessous-de-Plat-à-Musique... Un, deux, trois, quatre, cinq... Le facteur... Un, deux, trois, quatre, cinq... Teddy Longlifournobleking... Un, deux, trois, quatre, cinq... Roi d'atout, dame d'atout, belote et rebelote!*

CHAPITRE IX

HUGH! *(suite)*

Dialogue banal sans doute... Mais ils parlaient histoire de parler afin de parler pour se parler et si ce qu'ils se disaient ne ressemblait pas à ce qu'ils voulaient se dire, ils savaient bien, par contre, que ce qu'ils avaient à se dire n'avait pas besoin d'être dit. C'est pourquoi ils se disaient autre chose.

Soudain, la fille du farmer tressaillit verticalement cependant que le cow-boy sursautait horizontalement.

Une voix bizarre avait retenti derrière eux :

— Pom, pom, pom, polom, pom, pom, et youp et youp, trala zim boum! qu'elle faisait la voix bizarre.

— Oh! balbutia Arizonette, mais c'est mon cheval qui chante!

En effet, le mustang, toujours à califourchon sur les épaules de son ravisseur, arrivait au camp des Grenouilles-à-Plumes en continuant de fredonner sa satisfaction sur l'air d'*Enlève ton gilet à fleurs que j' te recouse un bouton,* le célèbre opéra-comique mexicain de Benjamin Franklin.

Arizonette et Teddy Longlifournobleking ne firent ni une ni deux. Quittant leur cachette en moins de temps qu'il ne faudrait à un éplucheur de cactus berbère pour ouvrir une boîte de corned-beef avec un bistouri de chirurgien patagon, ils se précipitèrent sur l'Indien, le renversèrent d'un coup de tête dans le ventre, l'assommèrent d'un coup de genou sur l'œil droit et capturèrent le mustang qui cessa net de chanter et se mit à hennir en rougissant d'un air penaud comme s'il avait voulu dire en bégayant :

— Excusez-moi si je vous demande pardon, c'est pas de ma faute, c'est cet imbécile qui m'a kidnappé!

Arizonette, sans rancune, sauta en selle tandis que le cow-boy rejoignait son propre cheval qu'il avait attaché un peu plus loin à la maîtresse branche d'un poteau télégraphique.

— Et maintenant, Miss, s'écria-t-il avec enthousiasme, filons chez Lessiveuse-Bill!

CHAPITRE X

LA FLÈCHE MYSTÉRIEUSE

Mais que se passait-il, pendant ce temps-là, au ranch de Lucky-Strike?

Cornelius Whipcoard et ses cow-boys attendaient avec anxiété le retour de Teddy et d'Arizonette. Les deux jeunes gens réussiraient-ils à ramener avec eux Lessiveuse-Bill et son armée? Telle était l'angoissante question que se posait tout un chacun.

On avait de fâcheuses nouvelles de la frontière indienne où les tribus peaux-rouges concentraient leurs troupes de plus en plus sous le commandement unique de Compote-de-Prunes, chef des Pieds-Tournés, lequel, ainsi que nous avons déjà eu l'honneur et l'avantage de vous en informer respectueusement, avait pris la tête du mouvement.

Et les habitants du ranch, très alarmés, redoutaient chaque jour une attaque des sauvages.

Certes, l'agression ne les prendrait pas au dépourvu, car ils avaient pris des mesures de défense telles que le ranch s'était transformé en un véritable blockhaus quasiment imprenable.

Une ceinture de tessons de bouteilles et un double réseau de poil à gratter entouraient le bâtiment. En admettant que les guerriers rouges parvinssent à franchir les tessons de bouteilles, ils seraient inévitablement arrêtés par le poil à gratter et les démangeaisons intolérables qu'il provoquerait mettraient les assaillants dans un tel état de délabrement physique et de décrépitude morale que ce serait un jeu d'enfant pour les assiégés de les repousser avec perte et fracas.

Un lance-pierres à répétition, en outre, avait été installé sur le toit de la ferme ainsi que plusieurs pistolets à bouchon, trois passe-boules, une boîte d'amorces, deux rouleaux à pâtisserie et une douzaine d'épingles à linge.

Les Pieds-Tournés, s'ils voulaient se frotter à nos héros, n'avaient qu'à bien se tenir... Comme le disait fréquemment le farmer à ses compagnons :

— Le ranch est une vraie forteresse, un Gibraltar du Far-West, une ligne Maginot californienne!

— Hip! hip! hip! hurrah! ripostaient les cow-boys en manière d'approbation.

Il n'en restait pas moins que personne n'osait s'aventurer seul dans la Prairie et que pour aller chercher un pot de moutarde à l'épicerie du coin, on s'armait jusqu'aux dents et l'on partait à quinze à la fois.

Ce soir-là, les cow-boys, réunis dans la salle commune, prenaient leur bain de pieds bi-hebdomadaire. C'était une vieille coutume du ranch de Lucky-Strike. Le mardi soir, on se lavait le pied droit et le vendredi matin on se nettoyait le pied gauche. Et le jour de la Saint-Pancrace, on se baignait les deux pieds.

Donc, ce soir-là, qui était un mardi, Cornelius Whipcoard et ses compagnons étaient en train de tremper leur pied droit dans l'eau tiède quand la vitre d'une fenêtre vola en éclats et une flèche vint se piquer dans la pelote à épingles qui ornait le mur du fond.

— Qu'est-ce que c'est? hurla le père d'Arizonette.

(A suivre de bas en haut)

LE TRÉSOR DE LESSIVEUSE-BILL (11)

RÉSUMÉ. — *Le président du Conseil rappelle que toute divulgation de renseignements relatifs au présent feuilleton tombe sous le coup de la loi, pénale, dont il sera fait désormais une stricte application. Rien ne doit venir troubler ou contrarier l'action de Lessiveuse-Bill qui s'exerce avec vigilance dans le seul intérêt du Far-West libre et indivisible.*

CHAPITRE X

LA FLÈCHE MYSTÉRIEUSE *(suite)*

Tous les cow-boys, lâchant leur bain, se précipitèrent à cloche-pied vers la pelote à épingles.

— C'est une flèche indienne, dit l'un d'eux.

— Oh! s'exclama un autre; il y a un papier après la flèche.

Cornelius Whipcoard s'en empara, le déroula et lut à haute voix :

« Compote-de-Prunes, chef des Pieds-Tournés, grand chef des frères rouges de la zone verte, Lumière des Lumières, Tabouret des Tabourets, Carafon des Carafons, donne aux Visages-Pâles 39 quarts d'heure, 13 demi-heures, 724 minutes et un dix-millième de siècle pour évacuer les territoires volés à ses ancêtres. Si les Visages-Pâles n'obéissent pas, leur ranch brûlera et ils seront massacrés. J'ai dit.

COMPOTE-DE-PRUNES.

Post-scriptum. — Hugh! »

Le farmer se tourna vers les assistants, un pli barra son front et une lueur d'angoisse illumina son œil gauche, tandis que l'œil droit, qui était en verre pilé, se ternissait lentement :

— Hum! articula-t-il d'une voix étranglée.

— Hum! hum! hum! hum! répondirent les cow-boys sur le même ton.

— En somme, ajouta-t-il, c'est un ultimatum?

— Oui, fit un cow-boy, et le post-scriptum est terrible.

— Combien de temps avons-nous devant nous?

Pour le calculer, ce n'était pas une petite affaire. Chacun se mit à compter fébrilement sur ses doigts — doigts des mains et doigts des pieds.

Il y eut un long silence.

Enfin, un cow-boy cria :

— Ça y est, j'ai trouvé... Ça fait 15 ans, 18 mois, 8 jours, 10 heures, 21 minutes et 13 secondes!

Le farmer haussa les épaules :

— Tu as dû te tromper, ça fait sûrement moins que ça.

— Ouais! c'est probablement le dix-millième de siècle qui m'a fichu dedans.

— Le mieux serait encore de prendre un papier et un crayon. Voyons : 29 quarts d'heure, ça fait 7 heures 1/4; 13 demi-heures, ça fait 6 heures et demie; 724 minutes, ça fait 12 heures et 4 minutes... Quant au 10 millième de siècle, ça fait 1 centième d'année, soit 3 jours virgule 65... Total : 4 jours 20 heures 49 minutes.

— Vous en êtes sûr, patron?

— Non, mais de toute façon, y a du mou dans la corde à nœuds et si Lessiveuse-Bill n'arrive pas à temps pour nous tirer de là, nous risquons fort d'être scalpés des pieds à la tête et de la tête aux pieds par ces maudits diables rouges.

— Faut-il remettre nos chaussettes, patron? questionna un cow-boy.

Chapitre XI

ALERTE AU CAMP

Johnny-la-Bretelle, son paquet d'ouate dans les oreilles, n'entendait plus rien, mais Joe-Face-de-Crabe, par contre, percevait encore un bruit étrange et mystérieux.

— On ne m'ôtera pas de l'idée, grogna-t-il, qu'il y a du Peau-Rouge qui rôde dans les parages.

— Quoi? fit Johnny. Tu dis que t' as la bouche dans le cirage?

— Non, idiot, y a un Indien, sûrement, qui se cache tout près du camp.

— Comment? Un petit chien qui se fâche au gré du vent?

— Ah! je t'en prie, retire le coton que tu as dans les oreilles ou je fais un malheur!

— Où veux-tu que je prenne une corbeille pour y mettre ton tas de beurre?

Joe-Face-de-Crabe, exaspéré, bondit sur son compagnon et le saisit à la gorge :

— Ah! hurla-t-il, en voilà assez, débouche tes oreilles ou je te démolis le portrait!

Mais ce tumulte avait réveillé Lessiveuse-Bill. Il se dressa sur son séant, renversant ainsi tous ses compagnons, puisque ceux-ci — on s'en souvient ou on ne s'en souvient pas — s'étaient assis les uns sur les autres pour dormir.

— Ben quoi? cria-t-il.

Joe-Face-de-Crabe se tourna vers lui :

— C'est Johnny-la-Bretelle, captain, qui ne veut pas retirer le coton qu'il a mis dans ses oreilles pour ne pas entendre le bruit mystérieux que nous avions perçu aux alentours du campement.

— Quel bruit mystérieux, Joe?

— Écoutez, captain!

Tous tendirent l'oreille à bout de bras.

— Curieux, grommela Lessiveuse-Bill, curieux, très curieux... On dirait qu'on moud du café...

— C'est peut-être un puma qui mâche du chewing-gum? suggéra Willy Longtail d'un air inspiré.

(A suivre comme chez soi)

LE TRÉSOR DE LESSIVEUSE-BILL (12)

RÉSUMÉ. — *Ce résumé n'est pas ce que vous croyez, et encore moins ce que vous pourriez croire; c'est un résumé correct, de bonne famille, distingué et tout et tout. Les résumés à la gomme et les résumés à la six-quatre-deux peuvent toujours s'aligner avec lui. Et veuillez agréer, Mesdames et Messieurs, l'assurance de notre parfaite commisération.*

CHAPITRE XI

ALERTE AU CAMP *(suite)*

— Puma ou moulin à café, rétorqua Lessiveuse-Bill, en tout cas, c'est plus que louche... Prenez vos rifles, mais ne tirez qu'à mon commandement!

On perçut un cliquetis métallique et un bruit de plumes — car Dessous-de-Plat-à-Musique s'était dressé à son tour. Puis ce fut le silence, un long silence angoissant... On eût entendu voler un trimoteur de bombardement!

Soudain des branchages craquèrent.

— Qui va là? hurla Lessiveuse-Bill.

— Personne! répondit une voix sourde.

L'ancien officier fronça les sourcils et, se tournant vers Joe-Face-de-Crabe, grogna véhémentement :

— Idiot! Pourquoi nous avoir réveillés sans raison valable?

— Mais, captain...

— Cela suffit... Tu n'as donc pas compris ce qu'a

dit la voix? Personne! Il n'y a personne en face de nous... Une autre fois, triple buse, tâche d'être un peu plus circonspect... Et recouchez-vous, vous autres!

Les compagnons de Lessiveuse-Bill s'étendirent à nouveau sur le sol de même que Dessous-de-Plat-à-Musique et tout rentra dans l'ordre.

Mais l'alerte avait été chaude.

Chapitre XII

« TONNEAUX, TONNEAUX! »

Dans tout le monde — et même ailleurs — il n'est pas de panorama plus effarant que celui qu'on aperçoit du haut du versant septentrional de la Sierra Lambeth-Walka. Si loin que l'œil puisse atteindre, le grand désert aride s'étale, tout saupoudré de roll-mops alcalins et parsemé çà et là de kiosques à journaux désaffectés et de milk-bars rabougris.

Au tréfonds de l'horizon s'aligne une grande chaîne de bornes kilométriques aux cimes décharnées chargées de macadam.

Dans tout cet énorme espace vital, nul signe d'existence n'apparaît. Nul être vivant ne s'y hasarde. Pas d'animal dans le ciel d'un bleu turquoise dépareillé. Aucun poisson sur le sol morne et gris. Pas un seul oiseau dans les rares flaques d'eau asséchées par un soleil étincelant. Rien que le silence maous poil-poil, le silence qui écrase le cœur, le silence qui vous broie l'orteil gauche, le silence qui vous coupe la respiration, le silence qui vous tue.

Et pourtant, ce jour-là, un voyageur solitaire contemplait du haut de la Sierra Lambeth-Walka cette terre du désespoir et de l'abomination. Un observateur avisé n'aurait pu dire s'il avait la bouche sous le nez ou le nez sur la bouche tant son visage était mitoyen et sa peau hirsute.

Cet homme marchait lentement, en s'appuyant sur un bâton, et il criait :

— Marchand d'habits, chiffons, ferraille à vendre!

Puis, ayant poussé ce cri bizarre, il levait la tête à droite et à gauche comme pour guetter un signal quelconque.

Mais, dans ce désert désolé, qui donc aurait bien pu appeler ce malheureux pour lui vendre un vieux chapeau-claque, lui refiler une casserole percée ou lui offrir une volée de bois vert?

Hélas! l'espoir fait vivre... Et l'étrange personnage continuait sa tournée bizarre en criant à tue-tête, sans se décourager :

— Marchand d'habits, chiffons, ferraille à vendre!

Au bout d'une demi-heure de marche, cependant, il s'arrêta, accablé. Il interrogea le nord, l'est et l'ouest de ses yeux farouches, anxieux, et, alors, comme ni le nord, ni l'est, ni l'ouest ne lui avaient répondu, il se laissa tomber sur un rocher et se mit à sangloter éperdument :

— Pas un cent d'affaire aujourd'hui encore, c'est à n'y rien comprendre; je suis pourtant le seul marchand d'habits de la région, pas le moindre concurrent... Le commerce devrait marcher...

Tout à coup, pris d'une rage subite, il envoya dinguer au fond d'un ravin le baluchon qu'il tenait à la main.

— Et puis flûte! gronda-t-il, j'en ai assez... Je vais changer de métier.

Et, reprenant sa marche solitaire sur les flancs de la Sierra, il se mit à crier d'une voix de stentor :

— Tonneaux, tonneaux, tonneaux!

L'écho de la montagne, dédaigneux, ne répondit même pas. L'homme scruta l'horizon, examina les alentours, fouilla les parages, considéra les environs.

Rien ne bougea.

— Quel sale bled! grommela-t-il. Je vais encore changer de métier.

Et, en se remettant en route, il tonitrua :

— Du mouron pour les p'tits oiseaux! Du mouron pour les p'tits oiseaux! Du mouron pour les p'tits oiseaux! Du mouron pour les p'tits oiseaux! Du mouron pour les p'tits oiseaux!...

Alors, aussi invraisemblable que cela puisse paraître, une voix retentit brusquement :

— Hep! là-bas!

(A suivre avec beaucoup de précautions)

LE TRÉSOR DE LESSIVEUSE-BILL (13)

RÉSUMÉ. — *Ne parle pas, Rose, je t'en supplie, car ça fait boum, là, dans mon cœur... Je revois les grands sombreros et les mantilles, je chante soir et matin, c'est le plus beau refrain de ma vie, y a de la joie, c'est une petite étoile et yop là-boum, Prosper.*

CHAPITRE XII

« TONNEAUX, TONNEAUX! » *(suite)*

L'homme, stupéfait, se retourna à bout de bras. Il aperçut deux cavaliers, dont une femme. L'autre était un homme. C'étaient — on s'en doutait un peu — Teddy Longlifournobleking et Arizonette Whipcoard.

— Vous voulez du mouron pour vos p'tits oiseaux? questionna le vagabond avec une émotion indicible.

— Non, répondit le cow-boy, nous n'avons pas de petits oiseaux.

— Alors, ça tombe bien, car je n'ai pas de mouron, mais si vous désirez un poil de ma barbe, un coup de pied dans les gencives, une moitié de mouchoir à carreaux, un quart de tabac à priser ou un tire-bouchon, à votre entière disposition.

— Merci, mon brave, riposta la fille du farmer en esquissant un pâle sourire, nous nous sommes égarés dans le désert et nous serions heureux que vous nous indiquiez le plus court chemin pour joindre Lessiveuse-Bill et ses hommes.

L'ancien marchand d'habits grogna :

— Je ne suis pas un bureau de renseignements; demandez donc à un agent de police.

— Y en a-t-il dans les parages?

— Bien sûr que non, puisque vous êtes en plein désert et que je suis le seul habitant et le seul commerçant de la région. Vous ne trouveriez pas âme qui vive à trente-six lieues à la ronde.

Teddy Longlifournobleking s'impatientait.

— En voilà assez! hurla-t-il.

Et, épaulant son rifle, il mit l'homme en joue :

— Si vous ne me répondez pas illico, je vous offre séance tenante un billet gratuit pour le pays des songes éternels.

L'homme, épouvanté, changea brusquement d'attitude :

— Pardon, bredouilla-t-il, je... je plaisantais... Pour vous rendre au campement de Lessiveuse-Bill, vous n'avez qu'à prendre la première piste à gauche, tourner à droite, puis à gauche, puis à droite, puis encore à gauche, faites demi-tour, revenez sur vos pas, tournez en rond, sautez en zigzags, suivez le torrent tari, contournez le pied de la colline de gauche, prenez à droite, puis à gauche, puis encore à droite, puis encore à gauche, faites le tour du lac desséché... Après quoi, vous trouverez sur votre droite un petit sentier que vous suivrez jusqu'à un second sentier qui vous conduira à un troisième, tournez à gauche, puis à droite, puis encore à gauche, puis encore à droite, et vous apercevrez enfin dans le lointain le campement provisoire de Lessiveuse-Bill.

— Merci, brave homme, répliqua le cow-boy en lui lançant un pot de moutarde au visage en guise de remerciement.

Sur ce, Teddy et Arizonette éperonnèrent leurs

montures et s'élancèrent à bride abattue dans la direction indiquée.

— Ah! ah! ah! ricana le marchand de mouron, je les ai expédiés tout droit vers le territoire des terribles rôdeurs de soupapes. Ils n'en sortiront pas vivants. Cela les apprendra à se moquer d'un pauvre bougre comme moi!

Chapitre XIII

ON N'A PAS FINI DE RIGOLER!

Comme le jour venait de se lever, Dessous-de-Plat-à-Musique, qui était de garde depuis une heure et demie, tapa bruyamment sur Willy Longtail afin de réveiller tout le monde.

Il faisait un tel vacarme que Lessiveuse-Bill ouvrit les yeux et se dressa à pieds joints sur son séant.

— Ben quoi! grommela-t-il, pourquoi ce tintamarre, Dessous-de-Plat-à-Musique?

L'Indien se tourna vers lui :

— Que le Grand Chef au visage pâle excuse son frère au nez rouge, mais le soleil apparaît déjà à l'horizon lointain... Alors, hein... Heu... Hum... Enfin, hugh, hugh, hugh et hugh!

— Tu as raison, il est l'heure de se lever... Debout là-dedans et que ça saute!

Tous les campeurs, y compris Willy Longtail, bondirent sur leurs pieds, s'ébrouèrent et saluèrent militairement :

— *Good morning, captain!* crièrent-ils.

— Bonjour, mes enfants, répliqua l'ancien officier sur un ton radouci, mais ne perdons pas une minute. Il s'agit maintenant de réveiller les chevaux.

S'approchant de son mustang, il lui tapota affectueusement le poitrail :

— Hé, il est tard, ma vieille, faut se lever!

Le cheval ouvrit l'œil gauche, bâilla, referma l'œil gauche et se rendormit.

— Allons, insista son maître, allons, ce n'est pas le moment de faire la grasse matinée, réveille-toi!

Le mustang fit entendre un hennissement grognon :

— Oh! la barbe!

Lessiveuse-Bill fronça les sourcils :

— De quoi?

Mais l'animal, comprenant que son maître allait se fâcher, se dressa d'un bond :

— Excusez-moi, hennit-il, j'étais en train de rêver, patron, faut pas m'en vouloir.

L'ancien officier considéra le mustang avec le plus profond ahurissement :

— C'est bien la première fois que j'entends un cheval parler, murmura-t-il.

— Mais je n'ai rien dit, riposta le cheval.

L'incident était clos.

(A suivre sans protester)

Tous droits réservés, y compris celui de se pincer les mollets avec une paire de tenailles.

LE TRÉSOR DE LESSIVEUSE-BILL (14)

RÉSUMÉ. — *En raison des fêtes du 15 août, et pour commémorer dignement la promotion dans l'ordre chronologique de son oncle Jules notre résumeur attitré est allé passer quelques jours dans le Week-End. Il n'y aura donc pas de résumé cette semaine. Nous ne nous en excusons pas — car ce serait superflu — mais le cœur y est.*

CHAPITRE XIII

ON N'A PAS FINI DE RIGOLER! *(suite)*

On plia donc bagage, rapidement et sans bruit.

— En selle! cria Lessiveuse-Bill.

Et la petite troupe s'élança dans la Prairie au quintuple trot, ce qui correspond à peu près à la moitié du triple galop.

Lessiveuse-Bill et Willy Longtail chevauchaient en tête, courageusement, tout en échangeant, à voix si basse qu'ils ne s'entendaient ni l'un ni l'autre, des propos marqués au sens de la plus stricte banalité.

— La valeur n'attend pas la peau de l'ours avant de partir à point, disait l'un.

— Sans doute, répliquait l'autre, mais faut battre le fer quand va la cruche à l'eau.

— Bien sûr, reprenait le premier, mais c'est encore dans la bonne soupe qu'on fait les meilleurs pots.

— Ce qui n'empêche pas que tout flatteur vit aux dépens de celui qui court deux lièvres à la fois.

Derrière le captain et son lieutenant suivait Dessous-de-Plat-à-Musique, dont le mustang jouait à la marelle avec ses deux pattes de devant et à saute-mouton avec ses deux pattes de derrière.

En somme, il ne lui manquait qu'une patte pour pouvoir jouer également à pigeon-vole.

Mais à quoi cela eût-il servi? Aussi le brave animal se faisait-il facilement une raison et son cavalier, très occupé, tricotait un calumet en laine de castor qu'il comptait offrir à sa squaw dès son retour au wigwam.

— Hugh! hugh! hugh! hugh! hugh! fredonnait-il joyeusement en pensant à la bonne surprise qu'il allait lui faire.

A quelques mètres derrière le Peau-Rouge, Joe-Face-de-Crabe et Johnny-la-Bretelle galopaient allégrement en complotant à tue-tête.

— Si on réussit à s'emparer du trésor, hurlait le premier, on aura de quoi se payer les fantaisies les plus inaccessibles au commun des mortels.

— Moi, vociférait le second, je m'achèterai un pot de confiture de coing. C'est le rêve de ma vie.

— Mon rêve de ma vie, à moi, ce serait plutôt un cahier de décalcomanies, ou bien un fil à couper le beurre, ou encore un thermomètre à répétition.

— Crois-tu qu'on trouvera facilement l'emplacement du trésor?

— Pourquoi pas? Christophe Colomb a bien découvert l'Amérique et Denis Papin la machine à vapeur.

— Très juste!

Lessiveuse-Bill sursauta.

— L'un d'entre vous aurait-il mal au foie? questionna-t-il anxieusement.

— Non, captain, répliqua Joe-Face-de-Crabe, mais si ça peut vous rendre service, on est tout prêt à essayer.

— Essayer quoi?

— D'avoir mal au foie.

— Inutile, mon brave Joe, vous êtes bien aimable, mais je ne veux pas abuser.

A ce moment, un coup de tonnerre ébranla l'atmosphère dans le sens de la longueur.

CHAPITRE XIV

BEN, MON VIEUX!

Teddy Longlifournobleking arrêta brusquement sa monture et pointa son index vers l'horizon.

— Regardez, Miss!

Arizonette freina si malencontreusement qu'elle passa par-dessus la tête de son mustang et se retrouva à quatre pattes dans une mare à crapauds aussi nauséabonde que superfétatoire.

Le cow-boy tressaillit :

— Vous êtes blessée?

— Non, minauda-t-elle, mais j'ai le torticolis.

— Il ne manquait plus que ça.

— Oh! ce n'est pas grave, je monterai à cheval à l'envers et le tour sera joué... Que me disiez-vous de regarder, darling?

Teddy rougit jusqu'aux orteils. C'était la première fois que la fille du farmer l'appelait darling.

— Miséricorde! songea-t-il avec bonheur, elle m'aime, elle m'aime, elle m'aime!

Toutefois, maîtrisant son émotion avec une habileté diabolique, il répondit à la question comme si de rien n'était :

— Là-bas, il y a un camp!

Arizonette, gênée par son torticolis, dut passer la tête sous son bras gauche et la jambe droite par-dessus ses épaules pour arriver à regarder ce que lui montrait son compagnon.

— C'est ma foi vrai, fit-elle. Le marchand de mouron ne nous a pas menti. Il s'agit, sans aucun doute, du camp de Lessiveuse-Bill.

Hélas! trois ou quatre fois hélas! ce n'était point le camp de Lessiveuse-Bill, mais bel et bien celui des cruels rôdeurs de soupapes dont les monstrueux exploits avaient maintes fois terrorisé les populations du Far-West.

(A suivre avec une longue-vue)

Tous droits réservés, y compris celui de voyager en première classe avec un billet de parterre.

LE TRÉSOR DE LESSIVEUSE-BILL (15)

RÉSUMÉ. — *La dame aux camélias n'ayant absolument rien de commun avec les personnages principaux de notre récit, nous ne voyons pas non plus pourquoi les trois mousquetaires, le vicomte de Bragelonne et les deux orphelines viendraient participer à l'intrigue aux côtés du capitaine Corcoran et du dernier des Mohicans. Dont acte.*

CHAPITRE XIV

BEN, MON VIEUX! *(suite)*

Assis autour d'un réchaud à alcool qui leur servait à la fois de feu de camp et de bain-marie, ces terribles écumeurs de la prairie, venus les uns du Mexique, les autres de la Plaine-Saint-Denis, étaient occupés pour le moment à rôder une soupape récalcitrante, dont les cris de douleur auraient fait frissonner d'épouvante les épidermes les moins impressionnables.

L'infortunée soupape agonisait lentement, cependant que le chef des bandits, un grand escogriffe qui se faisait appeler Gras-du-Genou, ricanait à gorge déployée en frottant son nez rouge avec une gousse d'ail.

Son lieutenant, Antonio-la-Pastèque, un gros homme court à la moustache en bataille, fredonnait une chanson qu'il affectionnait particulièrement et dont le refrain était celui-ci :

Tra la la la la, tralala, lalère,
Tra la la la la, tra la la la la,
Tra la la la la, tralala, lalère,
Tra la la la la, tra la la la la.

Soudain, une sentinelle hurla :

— Deux cavaliers à l'horizon, tontaine, deux cavaliers à l'horizon, tonton!

Tous les brigands, avec un ensemble parfait, sautèrent sur leurs pieds et bondirent sur leurs armes. Gras-du-Genou, portant sa main droite au-dessus de ses yeux pour mieux voir, scruta la prairie avec attention :

— Oh! oh! fit-il en mexicain, c'est un cow-boy et une amazone... Laissons-les approcher et nous les attraperons au lasso.

Arizonette et Teddy Longlifournobleking, sans méfiance, avançaient au petit trot. La jeune fille, souffrant toujours de son torticolis, se tenait en selle à l'envers, les deux pieds dans un étrier, les deux mains dans l'autre.

— On nous a vus! jubila le cow-boy. Je crois que Lessiveuse-Bill nous fait des signes d'amitié avec une botte d'asperges ou une râpe à fromage!

— Quel bonheur! s'exclama la fille du farmer, nous arrivons au terme de notre mission.

Hélas! à peine avait-elle prononcé ces paroles qu'une corde s'enroula autour de sa taille et, happée violemment en arrière, elle exécuta à deux mètres du sol une cabriole aérienne pour le moins inattendue.

— Singulière plaisanterie! bougonna-t-elle tout en ramassant sur l'herbe folle un de ces gadins qui comptent davantage dans la vie d'une faible femme que dans celle d'un maître de requêtes à la Cour des Comptes.

Teddy Longlifournobleking, désarçonné à son tour, exécuta un quadruple saut périlleux qui le fit atterrir, pantelant et cramoisi, aux pieds d'Antonio-la-Pastèque.

— Bonjour, s'exclama celui-ci, enchanté de faire votre connaissance. Vous resterez bien à dîner avec nous, cher monsieur? Y a du veau froid mayonnaise, de la soupe aux cactus et de l'urticaire au beurre noir.

— Trêve de moqueries! balbutia notre héros, que me voulez-vous exactement?

Le sous-chef des bandits éclata d'un gros rire :

— Les rôdeurs de soupapes n'aiment pas les intrus.

— Je ne suis pas un intrus, j'exerce le métier de cow-boy.

— Les rôdeurs de soupapes détestent les importuns!

— Je ne suis pas un importun, mon père était new-yorkais et ma mère irlandaise. Quant à mon grand-père paternel, il était né en Écosse d'un Gallois et d'une Hollandaise. Mon grand-père maternel, lui, était danois et ma grand-mère néo-zélandaise. J'ai aussi un cousin finlandais, un trisaïeul austro-hongrois et un oncle mérovingien, une tante à héritage et un beau-frère siamois. Mais je vous jure, sur le paratonnerre de Benjamin Franklin, qu'il n'y a jamais eu un Importun dans ma famille.

— Ouais... Eh bien! le colonel Gras-du-Genou statuera lui-même sur votre sort.

— Le colonel Gras-du-Genou?

— C'est le chef des rôdeurs de soupapes... Regardez-le, il est en train d'interroger votre compagne de voyage!

Teddy tourna la tête et aperçut Arizonette, en effet, que Gras-du-Genou, après l'avoir ligotée à un poteau télégraphique nain, questionnait insidieusement d'un air féroce et sanguinaire.

— Quelle heure est-il? demandait-il.

— Quatre heures moins le quart, bredouillait la pauvrette.

— Croyez-vous qu'il pleuvra demain?

— Cela dépend de la vitesse du vent, de la pression atmosphérique et de l'anticyclone des Sargasses.

— Comment vous portez-vous?

— Pas mal, merci et vous?

— Est-ce que votre arrière-grand-mère montait à bicyclette?

— Oui.

— Jouait-elle du saxophone?

— Non.

— Aimait-elle le bœuf en daube?

— Oui.

— Et le gras de mouton?

— Non.

(A suivre bénévolement)

LE TRÉSOR DE LESSIVEUSE-BILL (16)

RÉSUMÉ. — *La gravité des événements qui se déroulent actuellement dans le monde et sa banlieue exige le sang-froid et le calme. En conséquence, nous nous abstenons, cette semaine, de publier un résumé de notre roman, afin de ne pas jeter le désarroi dans l'opinion publique. Nos lecteurs nous en sauront gré très certainement. Ne nous remerciez point. Il n'y a vraiment pas de quoi.*

CHAPITRE XIV

BEN, MON VIEUX! *(suite)*

— En quelle année sommes-nous? questionna encore le chef des bandits.

Arizonette se tordit les mains, moralement, puisqu'elle était ligotée.

— Je vous en supplie, implora-t-elle d'une voix mourante, ne me demandez pas cela... Vous me torturez... C'est affreux... Que vous ai-je fait, monsieur le brigand, pour que vous soyez aussi méchant avec moi...

— En quelle année sommes-nous? répéta Gras-du-Genou imperturbable.

— Mon Dieu, mon Dieu! sanglota la malheureuse, c'est atroce, abominable...

Teddy Longlifournobleking, ne pouvant en entendre davantage, hurla furieusement :

— Assez! assez!

Le chef des bandits se retourna :

— Vous dites?

— Je dis : assez, assez!... Vous avez donc un frigidaire à la place du cœur et une huche à pain à la place du cerveau pour imposer à une pauvre femme un supplice aussi cruel, aussi féroce, aussi inhumain?

— Mêlez-vous donc de ce qui vous regarde! répliqua le malandrin d'un ton sévère.

— Bien, monsieur, excusez-moi, je vous demande pardon...

— Mais de rien, je vous en prie.

— Si, si, je suis navré, désolé... Je ne pensais pas vous indisposer..

— Il n'y a pas de mal, je vous assure...

— Alors, veuillez agréer, monsieur, avec mes plus vifs regrets, l'expression indéfectible de ma haute considération et de mes sentiments les plus distingués.

— Merci beaucoup, monsieur.

Et, reprenant son odieux interrogatoire, le chef des rôdeurs de soupapes s'écria d'une voix terrible :

— En quelle année sommes-nous?

— Année bissextile, bredouilla la fille du farmer en tremblant comme un mille-feuille sous l'impulsion d'un aspirateur à air comprimé.

Puis elle s'évanouit gentiment.

Chapitre XV

ÇA, ALORS!

Pour une cause excessivement fortuite et parfaitement indépendante de notre volonté, il n'y a pas de chapitre XV. Nos lecteurs voudront bien nous en excuser.

Merci d'avance.

CHAPITRE XVI

UN CRÂNE SOUS UNE TEMPÊTE

Au coup de tonnerre qui avait ébranlé l'atmosphère dans le sens de la longueur, Lessiveuse-Bill avait pâli affreusement car cet homme courageux et téméraire, brave et hardi, ne connaissait qu'une peur dans l'existence : celle de l'orage!

Alors qu'il eût fait reculer un bataillon de Peaux-Rouges armés jusqu'aux orteils, qu'il eût lutté sans frémir contre une famille de pumas, qu'il eût affronté sans sourciller le fantôme d'un rétameur ou l'ectoplasme d'un trisaïeul, l'ancien capitaine devenait plus poltron qu'un cobaye dès qu'éclatait le moindre coup de tonnerre.

— Ah! bégaya-t-il.

Willy Longtail tenta de le rassurer :

— Ne vous affolez pas, captain, ce n'est peut-être qu'un cyclone...

— Non... C'est un nono... un orage!

— Qui sait si ce n'est point un tremblement de terre?

— Non... C'est un nono...

— Ou la fin du monde?

— Oh! vous... Vous voulez me réconforter, Willy, mais je ne me fais pas d'illusion, c'est bien un nono...

Un deuxième coup de tonnerre, plus terrible encore que le précédent, se fit entendre brusquement.

— Oooooooooooooooooooooo! hurla Lessiveuse-Bill.

Et, fou d'épouvante, il se cacha sous son mustang. Malheureusement, le cheval, qui craignait l'orage autant que son maître, voulut s'abriter sous lui. Il en résulta un imbroglio dramatique, une mêlée tragique tellement invraisemblable que les plumes réunies d'Edgar Poe, de Guy de Téramond, de Bernard Palissy et de Félix Potin n'arriveraient même pas à la décrire.

Le cheval voulant se cacher sous l'homme, l'homme voulant se cacher sous le cheval, le cheval cherchant à se blottir sous l'homme, l'homme cherchant à se blottir sous le cheval, le cheval essayant de se réfugier sous l'homme, l'homme essayant de se réfugier sous le cheval...

Vision hallucinante... Willy Longtail, Dessous-de-Plat-à-Musique et les autres membres de la troupe, absolument médusés, considéraient ce spectacle avec la plus profonde consternation et le plus vif ahurissement...

On ne savait plus si c'était le mustang qui vociférait ou Lessiveuse-Bill qui hennissait.

Et quand le troisième coup de tonnerre retentit, alors ça devint tout bonnement terrifiant.

(A suivre sans regarder son fascicule)

LE TRÉSOR DE LESSIVEUSE-BILL (17)

RÉSUMÉ. — *Comme il fallait s'y attendre, notre résumé a été coupé par la censure. Heureusement et mine de rien, nous avions pris la précaution d'en conserver une copie. Ce qui nous permet, maintenant que nous avons obtenu le visa de M. Giraudoux, de la publier en douce. La voici : « Brrrr... Ksss... Ksss... Ksss... Dzz... Yrijijiji... Baoum!* »

CHAPITRE XVI

UN CRÂNE SOUS UNE TEMPÊTE
(suite)

Lessiveuse-Bill et son mustang, de plus en plus épouvantés, tournaient tellement vite, à présent, qu'ils étaient presque invisibles.

Willy Longtail, en voyant cela, voulut se frapper le front avec la pointe de sa chaussure, mais, ayant mal calculé son élan, il lança son pied dans le vide et se retrouva les quatre fers en l'air.

— Flûte! grommela-t-il.

Toutefois, nullement découragé par son échec, il se releva tant bien que mal et, tout à fait décidé à se frapper le front quand même, il essaya de se servir de son genou. Hélas! il ne réussit qu'à atteindre le nombril et poussa un cri de douleur en ut de poitrine :

— Ouille! aïe! aïe!... Nom d'un calumet de nom

d'un cobaye!... Pourtant, y a pas à dire, j'y arriverai, à me frapper le front, dussé-je y consacrer toutes les années qui me restent à vivre. Et même les suivantes.

Résolument, il visa son front avec son coude droit, et bing! il en reçut un bon coup dans l'œil gauche.

— Ooooooo! beugla-t-il en la mineur, oooooooh!

Après s'être reposé un court instant, tandis que Lessiveuse-Bill et sa monture poursuivaient leur course giratoire, il esquissa une nouvelle tentative.

Avec son fixe-chaussette, cette fois.

Il ne parvint qu'à se cingler la gorge. Ce qui le fit encore tonitruer comme un putois.

— En voilà assez, s'écria-t-il.

Et d'appeler Joe-Face-de-Crabe :

— Avance ici, toi!... Bon... Recule d'un mètre, à présent... C'est ça... Vise bien le million de mon freut... Pardon! le milieu de mon front... Ça y est?

— Oui, lieutenant.

— Bien... Alors, à mon commandement, poing fermé! En avant!

Joe-Face-de-Crabe lança un direct du droit en plein visage de Willy Longtail, qui, assommé, tomba sans un cri.

— Je crois que j'y ai peut-être été un peu trop fort, balbutia-t-il.

Mais le lieutenant de Lessiveuse-Bill revenait à lui, peu à peu à la vitesse moyenne horaire de 56 mètres 35.

— Merci, Joe, murmura-t-il, merci, vieux frère... Je n'oublierai jamais ce que tu as fait pour moi. Je voulais me frapper le front... Eh bien! ça y est, j'ai le frant froppé... Heu... le front frappé... Bref! tu me comprends?

— Oui, lieutenant.

— Au fait, pourquoi diable me frappais-je le front? C'était sans doute parce que j'avais une idée... Mais laquelle, Grand Manitou, laquelle? Ça alors...

Il avait beau chercher, dans tous les coins et ailleurs, ici et là, par-devant et par-derrière, par-derrière et par-devant, il n'arrivait pas à recouvrer sa mémoire défaillante.

Soudain, apercevant son chef aux prises avec le mustang, il se rappela enfin :

— J'y suis... l'attitude du captain m'a suggéré une idée géniale qui nous permettra d'approcher l'ennemi sans être vu.

Du coup, Lessiveuse-Bill, ayant entendu, cessa de tourner.

Le cheval, lui, continua.

— Qu'est-ce que tu racontes, Willy?

— Tiens! captain, vous n'avez donc plus peur?

— Non, puisque l'orage est fini...

— Et votre mustang?

— Laisse-le tourner encore... Je le préviendrai dans un petit moment... Faut pas le brusquer, cet animal-là, il a une maladie de cœur... Alors, que disais-tu, Willy?

Le lieutenant se gratta la tête :

— Heu... j'ai encore oublié... C'est formidable, quand même... Je suis idiot, aussi, j'aurais dû faire tout de suite un nœud à mon mouchoir... Ah! ça y est, captain, ça y est. Je me rappelle à présent... Quand vous tourniez, tout à l'heure, avec votre cheval, on ne vous voyait presque plus tous les deux... Vous auriez accéléré un tant soit peu, on ne vous aurait plus vu du tout.

— Et alors?

— Ben, alors, vous ne devinez pas la combine, captain?

— Non, et toi?

— Moi non plus.

— Hein?
— C'est-à-dire si.

(A suivre au pas de chasseur)

LE TRÉSOR DE LESSIVEUSE-BILL (18)

RÉSUMÉ. — *En raison des circonstances — indiscutablement très actuelles — et conformément à la D.M. 2345/08 du 7/6/29, modifiée par le B.O. 6246-AZ-31 du 8/11/35, confirmé par le T.T. 14557 du C.C. 8921 de la T.Z. du 27/8/39, les résumés devront être obligatoirement réclamés par la voie hiérarchique au caporal de semaine de la C.H.R. des unités respectives des lecteurs mobilisés. Les civils, de leur côté, s'adresseront au bureau de la place le plus proche de leur domicile, s'ils en ont un, et le moins éloigné s'ils n'en ont pas.*

CHAPITRE XVI

UN CRÂNE SOUS UNE TEMPÊTE
(suite)

Et Willy Longtail, l'œil illuminé et la prunelle en feu, exposa son plan :

— Si nous nous mettions tous à tourner sur nos chevaux comme vous le faisiez tout à l'heure, nous serions absolument invisibles et nous pourrions surprendre les Peaux-Rouges sans qu'ils aient même le temps de s'apercevoir qu'on les surprend.

— Alors, ils ne seraient pas surpris?

— Ben non.

— Eh bien! petite tête de Mérovingien hachée aux petits pois, à quoi cela nous servirait-il de les surprendre sans les surprendre, puisqu'ils ne seraient pas surpris d'être surpris et que, par conséquent, on ne les surprendrait pas?

Willy Longtail, littéralement dégonflé, baissa la tête avec accablement à vingt centimètres à peine au-dessus du niveau de la mer. Ce qui ne faisait pas bezef, on l'avouera, comme altitude.

— J'ai compris, captain, larmoya-t-il, j'ai compris. Mon idée ne vaut pas un poil de castor. J'y renonce et vous prie d'agréer, avec l'expression de mon plus profond regret, l'assurance distinguée de ma considération attristée.

— O.K.! riposta Lessiveuse-Bill en faisant signe à son mustang de mettre un terme immédiat à ses exercices giratoires.

Puis il frappa dans ses pieds :

— Allons, les enfants, en selle, ce n'est pas en restant ici, pas vrai, que nous irons ailleurs.

CHAPITRE XVII

UN PLAN D'ÉVASION

Teddy Longlifournobleking et Arizonette, prisonniers des terribles rôdeurs de soupapes, se faisaient un mauvais sang du diable et des cheveux à ne plus savoir où les mettre.

Le cow-boy en avait dans toutes ses poches — des cheveux — et jusque dans la doublure de sa ceinture de flanelle. Quant à la fille du farmer, sa jolie tignasse blonde était devenue si opulente qu'elle disparaissait entièrement et ressemblait, de loin, à une meule de paille camouflée en porc-épic.

— Le marchand de mouron nous a trahis, grommela Teddy.

— Puisqu'il faut du mouron, mourons! s'exclama la jeune fille résignée définitivement à son sort.

— Jamais de la vie, protesta son compagnon, il faut se tirer de là et plus vite que ça!

— Nous sommes ligotés.

— On se déligotera!

— Les rôdeurs de soupapes nous surveillent.

— On les dérôdera.

— Vous en connaissez le moyen?

— Non, mais j'en trouverai un. Ah! si seulement je pouvais téléphoner à S.V.P.

— Ce service ne fonctionne pas encore et le téléphone n'est pas inventé non plus.

— Laissez-moi me concentrer, Miss, je vais réfléchir et je vous promets qu'avant vingt-quatre heures nous nous serons évadés.

— Bon... Essayez, Teddy... Concentrez-vous!

Le cow-boy, courageusement, se concentre comme une boîte de lait du même nom...

Il y eut un silence, un grand silence blanc, si blanc qu'on eût dit une proclamation de M. Giraudoux...

Puis, tout à coup, le cow-boy s'écria :

— Eurêka!

Arizonette frémit convulsivement sous les innombrables cheveux qui la camouflaient intégralement.

— Qu'avez-vous trouvé?

— La solution.

— Celle du concours de *l'Os à Moelle,* Teddy?

— Non, Miss, celle de l'imbroglio dans lequel nous nous débattons en ce moment. J'ai un plan d'évasion. Il est simple comme un soldat de seconde classe et lumineux comme une limace phosphorescente un soir de pleine lune aux Nouvelles-Hébrides.

— De grâce, Teddy, expliquez-vous!

— Eh bien! voilà, Miss...

Mais il se tut brusquement, car Gras-du-Genou, sortant de la tente qui l'abritait provisoirement, s'approcha subrepticement en sautant à cloche-main et en sifflant un air de mazurka.

Le chef des bandits stoppa devant la fille du farmer.

— Oh! oh! voilà des cheveux un peu trop longs, hurla-t-il, pas réglementaire, nom d'une pipe, va falloir me couper ça à la tondeuse numéro 1 et à l'ordonnance.

— Pitié, larmoya Arizonette, pitié!

(À suivre en se camouflant)

LE TRÉSOR DE LESSIVEUSE-BILL (19)

RÉSUMÉ DES CHAPITRES PRÉCÉDENTS. — *Nous regrettons d'informer nos lecteurs qu'il ne nous est pas encore possible, cette semaine, de publier notre résumé habituel. Celui-ci, en effet, a été réquisitionné par l'autorité militaire et affecté au P.C. de l'E.M. du B.R.S.*

CHAPITRE XVII

UN PLAN D'ÉVASION *(suite)*

Arizonette, bouleversée, se tordait les doigts de pied en sanglotant aussi éperdument que possible.

— Ne me coupez pas les cheveux!... Je vous en conjure... De grâce, épargnez-moi cette torture abominable... Faites n'importe quoi, rognez-moi les ongles, badigeonnez-moi l'œil gauche avec du minium, mettez-moi du poil à gratter dans le cou ou de la mayonnaise sous la plante des pieds, mais, par pitié, ne me coupez pas les cheveux.

Gras-du-Genou, après une courte réflexion, s'écria soudain :

— Soit, vous garderez votre chevelure jusqu'à nouvel ordre, mais à une condition.

— Laquelle?

— Vous avez un père?

— Oui.

— Quel est votre degré de parenté vis-à-vis de lui, à son égard et par rapport à quant à lui?

— Je suis sa fille.

— Bon... Eh bien! vous allez écrire à votre père la lettre que je vais vous dicter.

Le brigand se tourna vers un de ses acolytes et lui désigna la prisonnière :

— Avance ici, Plume-Grenouille, et déligote-moi ça!

— Bien, chef.

Le dénommé Plume-Grenouille fouilla dans le tas de cheveux afin d'exécuter l'ordre qu'il venait de recevoir. On vous prie de croire que ce n'était pas une petite affaire... Autant chercher une botte de foin dans un paquet d'aiguilles à tricoter.

— Quel boulot! grommelait Plume-Grenouille; où êtes-vous, nom d'une pipe, où êtes-vous?

Arizonette, pleine de bonne volonté, le guidait comme elle pouvait.

— Par ici... Non... Un peu plus à droite... etc.

Enfin, après dix minutes d'efforts conjugués, Plume-Grenouille parvint à trancher les liens qui enserraient la captive. Elle secoua ses cheveux, les rejeta dans le dos et apparut aux yeux de tous, plus belle et plus resplendissante que jamais.

— Oh! Arizonette... s'exclama Teddy Longlifournobleking, incapable de refréner son admiration pour celle qu'il aimait déjà passionnément.

— Silence! hurla Gras-du-Genou.

Tirant de sa poche-revolver une feuille de papier crasseux et un stylographe qu'il avait gagné jadis dans un appareil à Sioux, il tendit le tout à notre jeune héroïne :

— Écrivez! commanda-t-il.

Et il commença à dicter :

« Monsieur mon père, je... »

Arizonette l'interrompit :

— Mande pardon, chef, mais je n'appelle point mon père monsieur.

— Alors, écrivez : « Madame mon père, je... »

— Excusez-moi de vous demander encore pardon, chef, mais je ne l'appelle pas non plus madame.

Gras-du-Genou se fâcha tout rouge.

— Vous vous moquez de moi? Je vous préviens que si vous m'arrêtez à nouveau, je vous fais tondre en moins de temps qu'il n'en faut pour avaler un comprimé de gutta-percha.

Arizonette, terrorisée, fit signe qu'elle se le tenait pour dit.

— Écrivez, reprit le chef. « Mademoiselle mon père, je mets la plume à la main pour te faire assavoir, virgule, que je suis été, deux points, capturée, point d'exclamation, par la bande, à la ligne, des rôdeurs de soupapes, point virgule, tréma, accent circonflexe et trait d'union. Si tu ne remets pas, virgule, au porteur de la présente, points de suspension et parenthèse, la somme de 6 dollars 55, point d'interrogation, ta fille Arizonette, virgule, c'est-à-dire moi, deux points, sera donnée en pâture aux pumas du Far-West, un point. Si tu payes, virgule, apostrophe, elle sera libérée séance tenante. Je te prie d'agréer, Mademoiselle mon père, l'assurance de ma considération très distinguée. » A présent, signez.

— Voilà, c'est fait, murmura la fille du farmer, pâle comme un œuf de pigeon qu'on conduit au supplice de l'omelette.

— Relisez à haute voix.

Elle obéit.

— Bon... C'est votre ami Teddy qui ira la porter lui-même.

Le cow-boy tressaillit :

— Moi?

— Oui, toi! Et malheur à toi si tu ne ramènes pas les 6 dollars 55... Malheur aussi à celle que tu aimes... Compris?

— Compris, chef!

Le visage de notre héros venait de s'illuminer brusquement.

— Cette fois, songea-t-il *in petto*, je le tiens, mon plan d'évasion.

(A suivre en se camouflant)

LE TRÉSOR DE LESSIVEUSE-BILL (20)

RÉSUMÉ. — *L'autorité militaire, en vertu des pouvoirs qui lui sont conférés actuellement, décide que la lecture de ce feuilleton ne sera autorisée que de midi à deux heures et de 18 h 23 à 18 h 27. Toutefois, il pourra être lu à toute heure de la journée à partir du grade de lieutenant-colonel.*

CHAPITRE XVII

UN PLAN D'ÉVASION *(suite)*

Teddy, naturellement, se garda bien d'exprimer à haute et intelligible voix l'idée géniale qui venait de traverser son esprit par le passage clouté de son imagination.

Après avoir serré avec émotion la main droite d'Arizonette, il sauta prestement sur son mustang et donna un coup d'éperon :

— Hue! fit-il en portugais.

Mais le cheval ne bougea pas.

— Hue! refit le cow-boy, en mexicain cette fois.

L'animal demeura aussi immobile qu'une rame de métro en panne sous le tunnel du Saint-Gothard.

— Corne de buffle! jura notre héros en se laissant glisser sur le sol, je vais essayer de démarrer à la manivelle.

Ce qu'il fit comme il disait. Le mustang partit au quart de tour. Malheureusement, étant en prise de marche arrière, il recula brusquement, renversant

Gras-du-Genou, son lieutenant et trois membres de la terrible bande des rôdeurs de soupapes.

Ce fut un tohu-bohu général. Le chef des bandits, en tombant, s'était cassé un orteil, une molaire, deux poils de barbe et la moitié d'une narine. Son lieutenant s'était foulé l'appendice, la vésicule biliaire et le grand zygomatique. Quant aux trois hommes, l'un avait attrapé les oreillons, l'autre l'hypertricose palmaire et le troisième un zona sous le nombril gauche.

— Nom d'une chaussette de laine toute en coton! sacra Gras-du-Genou, faudra passer ton permis de conduire, hé! cow-boy du dimanche!

Teddy Longlifournobleking, horriblement vexé, ne répondit pas. Rattrapant son mustang au lasso, il l'enfourcha sans mot dire et détala à toute allure, sans même prendre le temps d'aller chercher un agent de police pour établir un constat qui, d'ailleurs, n'eût pas servi à grand-chose, car notre héros n'était point assuré.

Tout en galopant, il répétait mentalement le plan d'évasion qu'il avait élucubré :

— D'abord, je ne vais pas jusqu'au ranch; je me contente de chevaucher jusqu'à la tombée de la nuit; puis, je reviens en arrière; je pénètre clandestinement au campement des rôdeurs de soupapes, je délivre Arizonette, je repars et nous rejoignons tous deux Lessiveuse-Bill et ses hommes. Et voilà; tra la la la lère, et voilà, tra la la la la... Et dzing et dzoum, et bing et boum, tactagada, tsouin-tsouin.

Chapitre XVIII

SECTION... HALTE!

Mais que devenaient Lessiveuse-Bill et ses compagnons pendant ce temps-là?

A vrai dire, ils ne devenaient pas grand-chose. Errant au hasard dans la Prairie, privés de boussole, dépourvus de sextant, démunis de girouettes, ils avançaient à l'aventure, sans trop savoir où ils allaient.

Comme le faisait justement remarquer Lessiveuse-Bill :

— Du moment qu'on ignore où l'on va, on ne risque pas de se tromper.

A quoi Willy Longtail répliquait non moins sentencieusement :

— N'empêche que si on se trompe, c'est ennuyeux tout de même, car on risque de commettre une erreur et de se méprendre quand à la chose de dont auquel! Et se méprendre, c'est encore la meilleure façon de se ficher dedans...

Dessous-de-Plat-à-Musique, plus taciturne que jamais, se bornait à chanter à tue-pied la fameuse chanson indienne de Rose-Marie :

O o o o o o o o o o o o o o o o h !... O o o o o o o o o o o h!... O o o o o h!

A la halte de midi et demi, le chef de la caravane, histoire de distraire un peu tout un chacun, proposa au jeune Peau-Rouge de composer une chanson indienne improvisée.

— On va te fournir des rimes adéquates et tu nous pondras ça en moins de deux.

L'indigène accepta sans se faire prier :

— Le grand chef à la peau écarlate est aux ordres du grand chef au visage pâle... Hugh! Hugh! Hugh! et hugh! hugh! hugh!... Que mes frères veuillent bien avoir l'obligeance et la bonté de me donner pour commencer deux rimes masculines...

Lessiveuse-Bill prit un air inspiré et, s'étant creusé la cervelle avec une pointe d'asperge qui pendait à sa selle, riposta :

— Cuvette et Mistinguette...

L'homme rouge haussa les épaules :

— J'ai demandé deux rimes masculines... Et d'une!... Ensuite, ce ne sont pas des rimes indiennes... Et de deux!

— Alors, je propose : Hugh et Hugh!

— Bon... Deux rimes féminines, à présent.

— Hugh et Hugh! s'écria Willy Longtail, très content de sa trouvaille.

— Entendu... Deux autres rimes masculines, maintenant.

Joe-Face-de-Crabe vitupéra :

— Hugh! et Hugh!

— Bravo!... Encore deux rimes féminines et le couplet est complet!

Lessiveuse-Bill, après un nouvel effort cérébral intense, articula :

— Hugh! et Hugh!

— Très bien, ponctua Dessous-de-Plat-à-Musique.

Et improvisant séance tenante sa chanson indienne, il commença à chanter :

« *Hugh! Hugh! Hugh! Hugh!*
Hugh! Hugh! Hugh! Hugh!
Hugh! Hugh! Hugh! Hugh!
Hugh! Hugh! Hugh! Hugh!... »

(A suivre à l'envers)

LE TRÉSOR DE LESSIVEUSE-BILL (21)

RÉSUMÉ. — *Hop, hop, hop, hop et hop!*

CHAPITRE XVIII

SECTION... HALTE! *(suite)*

— Et maintenant, reprit Dessous-de-Plat-à-Musique, le grand chef au visage écarlate et au nez carmin va chanter sans désemparer le même couplet improvisé, mais en utilisant les rimes de bas en haut, c'est-à-dire à l'envers, comme le font mes collègues au visage pâle dans les salons montmartrois.

Tous applaudirent :

— Bravo! Quel tour de force, John W. Marsac lui-même n'en ferait pas autant.

Alors le chef indien, sans montrer la moindre hésitation, fit entendre à nouveau sa voix suave et monocorde :

Hugh! Hugh! Hugh! Hugh!
Hugh! Hugh! Hugh! Hugh!
Hugh! Hugh! Hugh! Hugh!
Hugh! Hugh! Hugh! Hugh!

On s'extasia :

— Merveilleux! Admirable! Transcendant! Hé! Une autre!

Mais Lessiveuse-Bill, d'un geste autoritaire, trancha net :

— Cela suffit... Finie la rigolade, finie la poésie!
— Pourquoi? s'étonna Willy Longtail.
— Regardez ce nuage de poussière à l'horizon, lieutenant. C'est un cavalier à cheval qui galope au galop. Ami ou ennemi?
— Nul ne saurait le dire pour l'instant, captain, car il est trop loin pour que nous puissions l'identifier.
— On va le jouer à pile ou face... Pile : c'est un ennemi, face : c'est un ami. Si c'est un ennemi, on tire dessus ; si c'est un ami, on fait sauter immédiatement le bouchon de la bouteille de whisky. D'accord?
— D'accord, captain. Seulement, je me permettrai de vous faire humblement remarquer que nous ne possédons aucune pièce de monnaie pour jouer à pile ou face.
— Très juste (1)! Mais qu'à cela ne tienne, nous jouerons à pile ou face avec l'un de nos hommes et une couverture.
Willy Longtail avait l'esprit vif :
— Compris, captain!
Et il hurla d'une voix de stentor enroué :
— Amenez quatre hommes, une couverture et Joe-Face-de-Crabe!
Quatre hommes se précipitèrent, empoignèrent une couverture de voyage aux quatre extrémités, puis y déposèrent Joe-Face-de-Crabe, en dépit de ses véhémentes protestations.
— Bon! s'exclama Lessiveuse-Bill, lancez Joe en l'air. S'il retombe sur le dos, c'est pile.
— Turellement.
— Et s'il retombe sur le ventre, c'est face!
— Videmment.
— A mon commandement : allez-y! Une... Deux... Trois!

(1) Ça n'est pas une réclame.

A trois, Joe-Face-de-Crabe, qui hurlait de plus belle, fut projeté comme un fétu de paille de fer à plus de dix mètres de hauteur.

Il retomba assis à l'orientale, ce qui déconcerta un peu Lessiveuse-Bill. Mais il se ressaisit bien vite :

— Autant! fit-il.

On recommença, au grand désespoir de Joe-Face-de-Crabe qui commençait à trouver la plaisanterie du plus mauvais goût. Joe, cette fois, monta en chandelle à plus de trente-trois mètres d'altitude et atterrit en feuille morte à six pieds et trois pouces à gauche de la couverture, autrement dit sur la terre ferme.

Il fit entendre un hululement de douleur capable de glacer d'épouvante un artilleur de bonne composition ou un repasseur de lames de rasoir la veille au soir de ses noces. Lessiveuse-Bill, impassible, haussa froidement les épaules :

— Ça ne compte pas, dit-il, recommencez!

Et l'on lança Joe une troisième fois dans l'atmosphère. Il fit une chute impressionnante au beau milieu de la couverture, quatre fers en l'air!

— Pile! triompha l'ancien officier, pile! Je m'en doutais : c'est un ennemi... Qu'on tire dessus!

Une voix inconnue, derrière eux, les fit se retourner prestement.

— De quoi? qu'elle disait cette voix. De quoi? Vous voulez tirer sur moi? Ben, manquerait plus que ça... Voilà trois jours et trois nuits que je parcours la Prairie dans l'espoir de vous rencontrer, captain Lessiveuse-Bill, et vous auriez l'intention de m'occire?

C'était l'ex-nuage de poussière lointain, devenu cavalier rapproché et qui avait sauté à bas de son cheval. On le considéra avec stupeur.

— Qui êtes-vous?

— Teddy Longlifournobleking, pour vous servir, captain...

— Que faites-vous par ici?

— Chargé par le chef des rôdeurs de soupapes de porter une demande de rançon au farmer Cornelius Whipcoard, concernant sa fille Arizonette, je me proposais de virevolter afin d'attaquer par surprise les misérables ravisseurs de la blonde enfant, lorsque je vous ai aperçu, et je me suis tout aussitôt porté à votre rencontre afin de vous mettre au courant de ladite chose et de réclamer votre aide pour...

— Comprends rien à ce que vous dites, coupa Lessiveuse-Bill, expliquez-vous et que ça saute!

(A suivre d'un air désabusé)

LE TRÉSOR DE LESSIVEUSE-BILL (22)

RÉSUMÉ. — *Garde à vous!... Demi-tour à droite... Oite!... En avant... Arrrrrche!... Repos!... Une, deux, une, deux, une, deux... Et que ça saute!*

CHAPITRE XVIII

SECTION... HALTE! *(suite)*

Un peu décontenancé, Teddy Longlifournobleking loucha timidement vers son interlocuteur :

— Mande pardon, vous êtes bien le célèbre Lessiveuse-Bill dont les exploits mirifiques provoquent un tel enthousiasme d'un bout à l'autre du Far-West qu'il suffit de prononcer votre nom devant un cow-boy pour qu'il se mette immédiatement au garde-à-vous comme un simple général de brigade devant un général de divison?

— Oui, c'est moi, répliqua modestement le grand capitaine en rougissant comme une écrevisse que l'on fait cuire à petit feu et en baissant les yeux comme un bâtonnier de l'Ordre quand on lui chatouille la plante des pieds avec une hallebarde en aluminium.

La glace était rompue.

— Vous disiez donc, cher ami? reprit Lessiveuse-Bill.

— Il faut sauver Arizonette Whipcoard, captain, anéantir les rôdeurs de soupapes et refouler les Indiens dans les territoires qui leur sont réservés.

— Entendu, mon brave, par quoi commence-t-on?

Il n'y eut pas l'ombre d'une hésitation dans les prunelles incandescentes de notre intrépide héros :

— Le sort d'Arizonette d'abord, celui des rôdeurs de soupapes ensuite... Après quoi, on s'occupera des Indiens.

— D'accord, nous allons anéantir Arizonette, refouler les soupapes et rôder les Indiens. C'est bien ça.

— Pas tout à fait, captain.

— N'importe... Le cœur y est, c'est l'essentiel.

D'un geste qui lui était coutumier, Lessiveuse rassembla ses compagnons autour de lui :

— Camarades, s'écria-t-il, camarades, chers camarades, très chers camarades, camarades, camarades, camarades...

Une ovation formidable salua ces nobles paroles. L'émotion était à son comble. Les uns pleuraient, les autres aussi. Certains sanglotaient, d'aucuns également. Dessous-de-Plat-à-Musique lui-même, en dépit de sa froideur habituelle, participait au trouble général à sa façon, c'est-à-dire en s'arrachant les ongles un à un et en secouant ses plumes de gauche à droite tout en soufflant sur son nombril à en perdre la respiration, le boire et le manger.

Lessiveuse-Bill essuya du revers de son gilet de flanelle une larme cristalline qui perlait à sa pomme d'Adam :

— Je n'ajouterai qu'un seul mot, fit-il, un seul : camarades !

Stimulés par l'éloquence de leur chef, les assistants bondirent en selle et, sans même attendre l'ordre du départ, éperonnèrent leurs montures qui démarrèrent à bride abattue.

— Hé ! cria Teddy Longlifournobleking, hé ! attendez-moi, mille millions de petites cuillers à moutarde !

CHAPITRE XIX

UN SIÈGE EN RÈGLE

Il était trois tops moins cinq... Assis sur la girouette qui surplombait le ranch, Cornelius Whipcoard, plus mélancolique qu'un zouave à 818 jours de la classe guettait sans le moindre espoir le retour de sa fille et de son meilleur cow-boy.

La chaleur était accablante. Il transpirait tellement que la sueur coulant dans la gouttière faisait entendre un bruit de torrent que l'écho répétait au loin avec autant d'ardeur qu'un adjudant de semaine rassemblant une corvée de cantonnement.

Le regard du farmer, après avoir erré d'un point cardinal à l'autre selon les variations de la girouette sous la poussée du vent, se fixa soudain.

Ses sourcils se froncèrent de bas en haut comme de stupeur ou de réflexion profonde.

— Funérailles! jura-t-il, punaise dans le beurre et poil dans l'œil!

Que se passait-il donc?

Une ligne rougeâtre, tranchant vivement sur la rousseur générale des hautes herbes grillées par le soleil, venait de surgir à l'horizon.

— Aux armes! hurla-t-il, aux armes! Voilà les Indiens!

Ce fut tout aussitôt un beau remue-ménage d'un bout à l'autre du ranch. On courait, on se bousculait, on sautait, on criait, on trépignait, on sursautait, on se dépêchait, on tressautait, on sourcillait, on grimaçait, on hoquetait, et on etcaeterait.

Plusieurs tribus de Peaux-Rouges, en effet, avançaient en rangs serrés, et armés jusqu'aux dents, dans la direction du ranch.

L'attaque, à n'en pas douter — et personne ne s'avisait d'en douter — était donc imminente.

— Apprêtons-nous à subir un terrible assaut! balbutia Cornelius Whipcoard qui avait quitté sa girouette précipitamment.

Puis, pâle comme un curriculum à qui l'on va arracher son vitae sans prendre le temps de l'insensibiliser, il articula péniblement :

— Mes amis, l'heure est très grave... A propos quelle heure est-il?

(A suivre comme on pourra)

LE TRÉSOR DE LESSIVEUSE-BILL (23)

RÉSUMÉ. — *L'employé chargé de résumer ce roman pathétique vient d'être appelé sous les drapeaux. Nous avons embauché un remplaçant, naturellement. Malheureusement, celui-ci n'est pas encore très au courant. Nous nous voyons donc obligés de remettre à plus tard le résumé de cette semaine.*

CHAPITRE XIX

UN SIÈGE EN RÈGLE *(suite)*

Un cow-boy consulta fébrilement le cadran solaire, mais celui-ci, qu'on avait oublié de remonter la veille, était arrêté à minuit un quart.

— Tant pis! s'exclama héroïquement le farmer, il n'y a pas d'heure pour les braves.

— C'est une parole historique, patron?

— Oui.

— Alors, vous permettez que je la note pour la postérité?

— Sur quoi?

— Sur le carnet de blanchissage de ma grand-mère.

— Entendu!

Les Peaux-Rouges, pendant ce temps, approchaient en hurlant comme des joueurs de coinchée à qui on a coupé le manillon sec. Brandissant leurs tomahawks au-dessus de leurs genoux, ils galopaient dans la plaine, terribles et menaçants.

Cornelius Whipcoard ouvrit son armoire à glace, y prit le rifle qu'il conservait dans la naphtaline, courut à la fenêtre, épaula, appuya sur la détente et le coup partit.

Malheureusement, comme il tenait par mégarde son fusil à l'envers, ce fut la huche à pain qui reçut la balle en plein front.

Elle s'écroula raide morte.

Le père d'Arizonette, bouleversé, se mit à sangloter éperdument :

— Quel malheur! J'ai tué ma huche à pain... Elle me venait de mon trisaïeul, qui fut caporal des zouaves à l'Armée du Salut. Il l'avait rapportée de sa campagne contre les Ostrogots d'Asie Mineure, après la bataille de Bécon-les-Bruyères... Pauvre Arizonette, quand elle saura ça, elle sera très affectée... Quant à moi, je ne m'en consolerai jamais!

Les cow-boys tentèrent de le réconforter :

— On vous capturera une huche à pain sauvage, patron, et on la dressera, vous verrez... On lui apprendra à faire la belle et à donner sa miche.

— Hélas! ce ne sera point la huche à pain de mon trisaïeul... Je suis un maladroit et un misérable!

— Ne vous laissez pas abattre ainsi, patron, ce n'est pas le moment... Le ranch est en danger!

— Vous avez raison, mes amis... Haut les cœurs et vivent les poêles à frire! Sus aux Indiens Concodou la bahia!

Rasséréné, le farmer avait repris son rifle — à l'endroit cette fois — et il tirait en rafale sur les cavaliers indiens. Quatre tombèrent les jambes en croix. Un autre se sauva en gémissant, emportant sous son bras le nombril qu'un projectile venait d'arracher d'un coup sec.

Stimulés par cet exploit, tous les cow-boys ouvrirent le feu à leur tour, couchant sur le sol une dizaine de Peaux-Rouges qui se mirent à ronfler comme des bienheureux.

Le gros de la troupe recula.

— Si nous tenons jusqu'à l'arrivée de Lessiveuse-Bill, s'écria un cow-boy, nous sommes sauvés.

— Et si nous ne tenons pas?

— Nous sommes perdus!

Implacable logique des choses d'ici-bas...

Chapitre XX

ET VOILA!

A 300 milles de là, dans un salon enfumé de Welsh-Rarebit-City, au Colorado, trois individus à la mine patibulaire jouaient à pigeon-vole dans un coin de la salle.

Le premier ressemblait comme un frère au second. Le second, par contre, ne lui ressemblait guère. Quant au troisième, il ressemblait davantage au second qu'au premier et plus encore au premier qu'au second.

La navaja sur la table, le coutelas entre les dents et le pistolet à l'oreille, ils paraissaient uniquement absorbés par l'intérêt du jeu.

— Fil de fer barbelé vole! hurlait l'un à voix si basse qu'on l'entendait à peine.

— Je coupe! répliquait l'autre avec l'énergie du désespoir et l'audace de la timidité.

— Belote! rétorqua le troisième impérieusement.

— Pardon! protesta le premier, j'ai dit échec à la reine par le pion de la dame du fou du roi.

— Mais jamais de la vie, j'ai mis à pique!

— Possible! seulement, j'ai le double-huit et je marque dix de der!

— Quine! tonitrua le second triomphalement en

retournant le roi qu'il avait dissimulé dans la manche de son caleçon court.

Les deux autres se levèrent, fous furieux :

— Tu as triché! clamèrent-ils.

— Répétez! lança l'autre dans une attitude de défi.

Pour toute réponse, l'un des deux bandits — car c'étaient des bandits — braqua son colt sur le misérable et pressa sur la gâchette :

— Pan!

L'homme s'abattit comme une masse, entraînant dans sa chute la table et tout ce qu'il y avait dessus.

Ce fut alors le signal d'une mêlée aussi générale qu'indescriptible.

(A suivre sac au dos)

LE TRÉSOR DE LESSIVEUSE-BILL (24)

RÉSUMÉ. — *L'employé que nous avions embauché pour remplacer notre résumeur mobilisé ne nous donne aucune satisfaction. Aussi l'avons-nous affecté d'urgence au service de la manutention des légumes secs. Nous nous excusons donc, une fois de plus, d'avoir à nous excuser de nous excuser.*

CHAPITRE XX

ET VOILA! *(suite)*

Nous ne savons pas si vous avez jamais assisté à une mêlée générale et indescriptible, mais c'est en tout cas absolument effrayant.

Tous les consommateurs du saloon se battaient comme des ministres un jour de distribution de portefeuilles à la sortie de l'Élysée ou comme des mobilisés devant le P.C. de leur unité la veille d'un départ en permission libérable.

Les tables voltigeaient, les bouteilles faisaient des loopings, les tabourets jouaient à saute-mouton, le barman se cachait sous son comptoir en défendant sa retraite au poker d'as, cependant que les clients échangeaient force coups de pied dans les mâchoires et que les revolvers pétaradaient à qui mieux mieux.

On se serait cru à une séance au Palais-Bourbon.

Ou même ailleurs.

Ce qui n'est pas peu dire.

Des corps inanimés jonchaient le sol. On hurlait, on gémissait, on fulminait.

Oh! ça n'était pas beau à voir, mais, que voulez-vous, quand on se bat dans un bar mal famé du Far-West, ça n'est généralement pas un spectacle réconfortant et encore moins une vision édénique digne de figurer dans un album de contes de fées à l'usage des petites filles bien sages et des nouveau-nés repentis.

Du reste, je ne sais vraiment pas pourquoi je vous fais le récit de cette bataille épique, car elle n'a absolument rien à voir avec l'intrigue de ce roman.

En effet, ça se passe à une époque fort reculée, les bandits en question n'ont rien de commun avec les héros de notre histoire, ils ne connaissent nullement Lessiveuse-Bill, et le barman, qui s'appelle Alfred, ferait beaucoup mieux dans un ouvrage de Pierre Loti. Ce qu'il y a de sûr et certain, en tout état de cause, c'est que nous ignorons tout de la vie de cet homme et que nous ne possédons ni son *curriculum vitae* ni son certificat de bonne vie et mœurs.

Aussi croyons-nous préférable de passer à l'ordre du jour et de continuer séance tenante par le chapitre suivant, qui ne sera peut-être pas meilleur que celui-ci, mais offrira au moins l'avantage de se rapporter vaguement aux aventures de Lessiveuse-Bill et de son honorable compagnie.

CHAPITRE XXI

ET VOICI!

Arizonette, toujours prisonnière des rôdeurs de soupapes, se morfondait dans son cachot. La pauvrette attendait, avec l'impatience fébrile qu'on imagine, le retour de Teddy Longlifournobleking.

Pour tuer le temps, elle comptait ses doigts de pied, un par un d'abord, puis deux par deux, puis trois par trois, et ainsi de suite.

Quand elle fut parvenue à dix, elle dut passer à un autre genre d'exercice et se mit à multiplier le total obtenu par le nombre 346.

Elle en attrapa un mal de tête qui lui permit alors de se reposer pendant une heure ou deux. Ce qui était toujours cela de gagné.

Mais, au bout des deux heures, comme le cow-boy n'était pas encore là, elle se retrouva en présence des mêmes difficultés.

— Coquille Saint-Jacques! larmoya-t-elle, que vais-je devenir? Les heures se traînent comme des culs-de-jatte à genoux. Ah! si seulement j'étais restée au ranch au lieu de me lancer, pieds baissés, dans cette déplorable aventure... Hélas! rien ne sert de se plaindre...

Et, pour tuer le temps à nouveau, elle se raconta une histoire drôle qu'elle avait lue, jadis, dans un livre de cuisine de sa grand-mère.

Mais, comme elle la connaissait, cette histoire, elle ne s'amusa pas le moins du monde et se mit à sangloter éperdument, en cadence, battant la mesure avec son oreille droite.

Elle faisait tant de bruit que le chef des Rôdeurs, réveillé en sursaut, crut qu'il s'agissait d'une attaque à coups de battoir.

Il accourut au petit trot :

— Que se passe-t-il? questionna-t-il avec inquiétude.

— Rien, répliqua la fille de farmer en séchant brusquement ses larmes avec un fer à friser.

— Rien? Vous êtes sûre?

— Absolument.

— Alors, pourquoi tout ce bruit?

Elle haussa les épaules :

— Quel bruit?

— Mais celui que vous faites.
— Vous vous trompez, je n'en fais pas.

(A suivre définitivement)

Tous droits réservés, y compris celui d'aller voir si la clé du champ de manœuvre est bien dans la poche-revolver du colonel.

LE TRÉSOR DE LESSIVEUSE-BILL (25)

RÉSUMÉ. — *Nous n'avons pas de chance, vraiment, avec nos résumeurs. Celui que nous avons engagé cette semaine — et qui semblait devoir nous donner toute satisfaction — vient d'être réquisitionné par l'autorité militaire en tant que général de division. La douleur de sa famille, bien sûr, fait peine à voir, mais cela n'arrange pas les choses. Au contraire.*

CHAPITRE XXI

ET VOICI! *(suite)*

— Pourtant, répliqua Gras-du-Genou, j'aurais juré que vous faisiez un tintamarre de tous les diables...

— Tintamarre vous-même! protesta la jeune fille avec hauteur.

Le chef des bandits, suffoqué par l'assurance d'Arizonette, devint pâle comme une sangsue à qui l'on apprend sans ménagement qu'elle est versée dans l'artillerie lourde.

— Je n'ai pas voulu vous blesser, Miss. Certes, je suis un brigand, un hors-la-loi, un malfrat, un chenapan, un filou, enfin tout ce qu'on voudra, mais je suis un galant homme. Et en tant que galant homme, je vous présente mes excuses les plus plates.

— Je les accepte, rétorqua la fille du farmer, mais à une condition.

— Laquelle?

— Laissez-moi partir.

— Vous n'y pensez pas, c'est impossible... Et la rançon que j'ai réclamée à Mademoiselle votre père, que deviendrait-elle? Les temps sont durs. Vous n'imaginez pas le mal inouï que l'on a pour faire rentrer un peu d'argent. Les clients se font tirer l'oreille. Comprenez bien que si je vous lâche, Mademoiselle, votre père ne voudra plus rien savoir, lui, pour régler la petite note que j'ai remise à Teddy Longlifournobleking.

Arizonette réfléchit pendant vingt-trois secondes. Puis elle déclara :

— Écoutez, laissez-moi partir et vous toucherez la rançon quand même, je vous le promets sur la tête de la girafe du zoo de San Francisco. Je suppose que vous acceptez les bons de la Semeuse?

Gras-du-Genou fit la grimace :

— Faute de mieux, oui...

— Alors, tout va bien, déligotez-moi, rendez-moi mon mustang et je pars sur-le-champ, *illico,* séance tenante, et *subito presto*.

Le chef des Rôdeurs de Soupapes n'avait plus qu'à s'incliner. Ce qu'il fit, si précipitamment d'ailleurs que, s'étant trop incliné, il tomba en avant et ramassa un de ces gadins qui comptent dans la vie d'un aventurier, même quand celui-ci — comme c'était le cas — ne sait pas très bien compter.

Son lieutenant, qui venait d'arriver opportunément, l'ayant aidé à se relever, il trancha les liens de la prisonnière avec un ouvre-boîte de conserves.

— Vous êtes libre, Miss.

Et il la conduisit jusqu'à son cheval qu'elle enfourcha lestement.

— Hue! fit-elle.

— O.K.! riposta le mustang en clignant de l'œil.

Et ils partirent en gambadant.

Chapitre XXII

RENCONTRE NOCTURNE

Lessiveuse-Bill et ses compagnons, de même que Teddy Longlifournobleking et Dessous-de-Plat-à-Musique, galopaient à bride abattue dans la Prairie, se dirigeant en ligne brisée vers le campement des rôdeurs de soupapes.

Il faisait nuit noire. L'obscurité était si complète qu'on ne voyait même pas les ténèbres en écarquillant les yeux et qu'on apercevait tout juste la pénombre à quelques mètres devant soi. On eût dit la cave d'un dancing nègre de la place Blanche, un soir d'alerte à Paris, pendant une panne d'électricité.

— On y voit moins clair que dans le soutien-gorge de Joséphine Baker! grommela l'ancien officier.

— A qui le dites-vous, captain, repartit Willy Longtail, j'ai l'impression très nette que pour trouver notre chemin dans ces ténèbres opaques, il faudra attendre le petit jour, l'aurore ou les premières lueurs de l'aube.

— A moins d'allumer une lampe de poche? suggéra Teddy Longlifournobleking.

— J'ai bien une lampe, mais je n'ai pas de poche, objecta Lessiveuse-Bill.

— Moi, par contre, expliqua le lieutenant, j'ai une poche mais pas de lampe.

— Si vous voulez, proposa alors le cow-boy, on peut s'arranger entre nous. Vous, captain, vous me refilez votre lampe; vous, lieutenant, vous décousez votre poche et me la repassez.

— Il faudrait, pour cela, un fer à repasser.

— J'en ai un, moi! hurla Dessous-de-Plat-à-Musique qui n'avait rien dit jusque-là parce que, sans doute, il n'avait rien à dire.

— En ce cas, triompha le cow-boy, tout va bien.

La petite troupe avait stoppé. Willy Longtail commença à découdre la poche-revolver de ses knickerbockers, tandis que le chef indien sortait un fer à repasser de la musette qu'il portait en bandoulière sur son genou droit et que Lessiveuse-Bill fouillait dans son portefeuille pour y prendre son boîtier électrique à pile inoxydable.

L'opération semblait sur le point de réussir brillamment lorsque le galop d'un cheval se fit entendre soudain.

— Alerte au gaz! beugla la sentinelle en dégainant son rasoir mécanique.

Que se passait-il?

(A suivre péremptoirement)

Tous droits réservés, y compris celui de circuler dans la zone des armées en état d'ébriété intégrale.

LE TRÉSOR DE LESSIVEUSE-BILL (26)

RÉSUMÉ. — *De vigne en vigne, la voilà la jolie vigne... Boum! mon pauvre cœur fait boum!... Sur la route de Louviers, ah! il n' fallait pas, il n' fallait pas qu'il y aille... J'ai deux grands bœufs dans mon étable, c'est la chanson des peupliers... On fait une petite belote, et puis ça va.*

CHAPITRE XXII

RENCONTRE NOCTURNE *(suite)*

Il se passait une chose bien simple : le galop qu'on entendait était celui du cheval d'Arizonette. Le hasard, parfois, fait bien les choses. Avec une précision mathématique, il avait réussi, cette nuit-là, à diriger la fille du farmer sur la caravane de Lessiveuse-Bill.

— Qui va là? cria Willy Longtail, qui connaissait ses classiques.

— Moi! répondit Arizonette sur le même ton et en sautant à bas de sa monture.

Willy Longtail se tourna vers son chef :

— Captain, c'est Moi!

— Comment, s'étonna Lessiveuse-Bill, c'est vous qui arrivez à cheval?

— Non, captain, c'est Moi!

— C'est bien ce que je disais, c'est vous!

— Je vous répète que c'est Moi... La preuve : la

personne que j'ai arraisonnée m'a répondu : « C'est Moi ! » Donc, vous voyez bien que c'est Moi...

Lessiveuse-Bill commençait à croire très sérieusement que son lieutenant avait dû tomber sur la tête quelques instants plus tôt, quand notre jeune héroïne crut indispensable d'intervenir pour éclaircir légèrement la situation :

— Arizonette Whipcoard, captain, en chair et en os... Pour vous servir !

Un hurlement formidable ébranla l'atmosphère à tel point que tous les chevaux se cabrèrent et que tous les chapeaux tombèrent. C'était Teddy Longlifournobleking qui venait de reconnaître la voix de sa bien-aimée et qui extériorisait ainsi son enthousiasme joyeux.

— Zonette ! ma petite Zonette ! dans mes genoux... Pardon ! le bonheur me fait bafouiller... Dans mes bras, veux-je dire, dans mes bras !

La jeune fille, docile, se précipita dans les bras de celui qu'elle aimait ; malheureusement, trompée par l'obscurité, elle visa mal et se retrouva à plat ventre sur l'herbe rase. Elle se releva en riant aux éclats :

— Bah ! aucune importance... Il vaut encore mieux ramasser une bûche que de se faire scalper un soir d'orage par un Sioux en chômage...

Et, folle de bonheur, elle s'évanouit en fredonnant le *Régiment de Sambre-et-Meuse*.

ÉPILOGUE

Le siège du ranch continuait. Les Peaux-Rouges, de plus en plus surexcités, auraient bien voulu enlever la position à la baïonnette.

Mais les Peaux-Rouges, hélas ! n'ont jamais eu de baïonnettes. Vous pouvez visiter tous les musées ethnographiques du monde, vous n'y découvririez point, dans les panoplies indiennes les plus complètes, une arme ressemblant, même de très loin, à la silhouette familière, bien connue des kroumirs, de la baïonnette 645 modèle F.B.K.2 1898, rectifié en 1903.

Alors, comme disent les allumeurs de réverbères, il n'y avait pas mèche.

Cornelius Whipcoard, littéralement déchaîné, encourageait ses hommes à grands coups de coude dans l'estomac :

— Et hop! faisait-il, et hop! hop! hop!

C'était son cri de guerre favori.

Mais tout a une fin, même dans les romans d'aventures les plus anodins. A plus forte raison dans un roman aussi sensationnel que le nôtre...

Au moment où les Peaux-Rouges s'apprêtaient à tenter un assaut définitif contre le ranch, Lessiveuse-Bill et ses cavaliers surgirent soudain à bride tellement abattue qu'elle traînait sur le sol comme une robe de mariée. En moins de temps qu'il n'en faut à Fernand Rauzéna pour vider une bouteille de beaujolais, tous les assaillants et assimilés furent massacrés les uns après les autres.

Le ranch et ses occupants étaient sauvés!

Huit jours après, Teddy Longlifournobleking épousait solennellement et définitivement Arizonette Whipcoard.

Lessiveuse-Bill se nommait lui-même colonel et Willy Longtail devenait subitement capitaine d'habillement et sergent de sapeurs-pompiers.

Dessous-de-Plat-à-Musique, récompensé de ses bons et loyaux services, obtenait un bureau de perception dans la banlieue de Nijni-Novgorod.

Quant à Gras-du-Genou et à ses complices, ils se tuaient tous ensemble dans un terrible accident de bicyclette à l'angle de la route de Los Angeles et de l'impasse de Chicago-sur-Mer.

Les Indiens regagnaient leur territoire sans demander leur reste.

Mais le trésor de Lessiveuse-Bill? questionnez-vous anxieusement.

Eh bien! rassurez-vous, Mesdames, Messieurs et Mesdemoiselles : le trésor de Lessiveuse-Bill, Dieu merci! est toujours à la même place.

FIN

TABLE DES MATIÈRES

Achevé d'imprimer en août 1981
sur les presses de l'Imprimerie Bussière
à Saint-Amand (Cher)

Presses Pocket
8 rue Garancière
75006 Paris
tél. 329 12 80

— N° d'édit. 1576. — N° d'imp. 1651. —
Dépôt légal : 1er trimestre 1980.
Imprimé en France